真德秀

（1178—1235）

福建历史文化名人丛书
福建省社会科学界联合会 编

真德秀

贤臣大儒 理学传人

余奎元 编著

海峡出版发行集团 THE STRAITS PUBLISHING & DISTRIBUTING GROUP | 福建人民出版社 FUJIAN PEOPLE'S PUBLISHING HOUSE

图书在版编目（CIP）数据

真德秀：贤臣大儒　理学传人 / 余奎元编著. --福州：福建人民出版社，2019.10（2020.11重印）
（福建历史文化名人丛书）
ISBN 978-7-211-08179-0

Ⅰ.①真…　Ⅱ.①余…　Ⅲ.①真德秀（1178-1235）—生平事迹　Ⅳ.①B244.99

中国版本图书馆CIP数据核字（2019）第204789号

真德秀
ZHENDEXIU
——贤臣大儒　理学传人

作　　者：余奎元
责任编辑：陈　宽
出版发行：福建人民出版社　　**电　　话：**0591-87604366(发行部)
网　　址：http://www.fjpph.com　　**电子邮箱：**fjpph7211@126.com
地　　址：福州市东水路76号　　**邮　　编：**350001
经　　销：福建新华发行（集团）有限责任公司
印　　刷：福建省金盾彩色印刷有限公司
地　　址：福州市金山浦上工业区D区24幢
开　　本：700毫米×1000毫米　1/16
印　　张：10.75
字　　数：111千字
版　　次：2019年10月第1版　　2020年11月第2次印刷
书　　号：ISBN 978-7-211-08179-0
定　　价：25.00元

总 序

李 红

社会科学承载着“认识世界、传承文明、创新理论、咨政育人、服务社会”的重要功能，是人类赖以传承的精神支柱。近年来，福建省各级各部门认真贯彻《福建省社会科学普及条例》，社会科学普及工作扎实开展、稳步推进，通过举办全省社科普及宣传周、建立社科普及基地、开办社科普及讲坛等社科普及咨询平台载体，其制度化、常态化、大众化工作取得了明显成效。

习近平总书记指出，文化是民族生存和发展的重要力量，中华优秀传统文化已经成为中华民族的基因，植根在中国人内心，潜移默化地影响着中国人的思维方式和行为方式。福建文化是中华文化中极富特色的一部分，深度融入了中国文化的进程，展现出突破陈规、积极进取、兼容并包、锐意创新的胸襟和气魄。向大众传播福建优秀的历史文化知识，是福建省社科普及工作的重要内容。以接福建地气、讲福建故事、塑福建形象、续福建文脉的姿态编辑出版的“福建历史文化名人丛书”，既较为全面地展示了福建文化深厚的历史底蕴和丰富的人文精神，也为福建当下的社会文化建设提供了有益的资鉴。“福建历史文化名人丛书”所包含的朱熹、林则徐、严复、陈嘉庚等人物传记，记录了福建文化之于中国历史的影响，同时也以人物史的叙述方式生动地展现出中国人文精神的风骨和传统文化的传承。

今天，我们提倡和弘扬社会主义核心价值观，必须从中华优秀传统文化中汲取丰富营养，否则就会缺乏生命力和影响力。“福建历史文化名人丛书”记录了福建历史文化人物的价值观践行轨迹，重温了这批福建历史文化乃至中国历史文化史上重要人物的生命历程，以浅显晓畅、通俗易懂的叙述方式讲述了中华优秀传统文化传承的当代意义，开辟了社会科学知识进入千家万户的新路子。

“最忆市桥灯火静，巷南巷北读书声。”一套好的社会科学普及丛书，总是能带动起读书的风气。将学习作为一种追求、爱好和健康的生活方式，也是“福建历史文化名人丛书”所期望实现的目标。在文字中领略福建地域文化魅力，在阅读中传承传统文化养分，在感悟中提升人文道德情操，社会科学普及丛书的出版，可谓正当其时。

（作者系福建省人民政府原副省长，福建省政协原副主席）

目　录

第一章

桑梓之地　文化名镇

真德秀是幸运的，山清水秀之地和深厚的文化积淀，为他一生奠定了坚实的根基。莫道岁月无言，却见证了人生行走的风景。

贤哲降生积善家

南宋孝宗淳熙五年戊戌（1178年农历九月十五日）卯时，真德秀诞生在建宁府浦城县长乐里迁阳镇，就是现在的福建省浦城县仙阳镇，这是真家的第二个儿子。

仙阳镇

他的曾祖真齐，于宋绍圣年间（1094—1098），居浙江龙泉西乡木岱口。祖父真京亦居于此。父亲真嵩，爱浦城长乐里迁阳山水佳美，迁居于此。

封建社会有完备而严苛的避讳制度。真氏本姓慎。宋孝宗名昚，“昚”是“慎”的古体字，就用同音字来代替，“慎”氏，便改为“真”氏。

尊崇儒学的真嵩给儿子取名德秀。在古代，男子20岁举行加冠礼时要取字。真德秀的字，改了两次。

《宋史·真德秀传》记载：真德秀“字景元，后更为希元”。但叶绍翁在《四朝闻见录》丙集《二元》条中说，真德秀最初的字是实夫。他是这样记叙的：

> 文忠（真德秀谥文忠）始于举子，命字之义非得于师友，故始字曰实夫。后乡曲有轻薄子曰：“只恐秀而不实。”故易曰景元。

改为景元是因为他景仰元德秀，体现他的志向。

真德秀第二次易字希元，是楼钥给他改的。某日，楼钥问真德秀为什么字为景元，真德秀讲述了他是仰慕元德秀的为人而取景元的。楼钥从训诂角度指出，从《诗》的词句意义来说，景元是不通的。他取出《毛诗》“高山仰止、景行行止”的注文给真德秀看。说“景”的字义是明，诗人以“明行”对“高山”，“景”字不可解释为“慕”，楼钥就将真德秀的字改为“希元”。但是，当时人称景元已久，都不称他希元。

古人除名、字外，还有“号”。号是别称，所以又叫“别号”。真德秀仙阳的故居近西山，他在宋嘉定十四年（1221年）六月至嘉定十五年（1222年）十月间，居乡守孝，创西山精舍，以奉祀先人茔墓，并与师友、门人切磋学问，“西山”之号始于此时，学者称他为“西山先生”。显然，德秀对此号是很满意的，其后作文尝自署“西山”“西山居士”“西山翁”“西山叟”“西山野叟”等。体现了他不忘所自及对家乡的眷恋。故后人议及真德秀，均尊称他为“真西山”。

真嵩是有一定文化水平的人，真德秀4岁那年，即由其授书。据魏了翁《西山真文忠公墓志铭》："公（真德秀）四岁，知孝敬王父，赠公嵩教之读，过辄成诵。"清乾隆二十九年（1764年）真采《真西山年谱》也载："公四岁，父嵩授之书，已能过目成诵。"真嵩无传、无墓志铭，但真德秀在其文章中多处赞颂其父。他为自己生日所作的青词称"父慈礼谨""鞠音教诲，系父母之仁惕"。真德秀为父亲追赠为宣教郎时写的《焚香祝文》称："先君何早世，积善之庆其延后人。"又说，他父能追赠为宣教郎，"盖我先君种德获报之明验也"。从这些文句中，可以表明他父亲是有崇高品格、有德行之人。

德秀母吴氏，她的家世与真家相比，是有名望的。吴氏生于绍兴十七年（1147年）正月，嘉定十三年（1220年）六月去世。吴氏"早为义妇，晚为慈弱，教子为儒"。

嘉定十二年（1219年）七月，真德秀在知泉州的任上，被任命为集英殿修撰、知隆兴府（府治在今南昌市），兼江南西路安抚使。赴任时，顺道经过故乡长乐里。百姓听说德秀奉母回乡，齐涌仙阳镇迎接，争先恐后争睹。大家都说："是公（德秀）在朝有直声，临民有善政。母尤贤，寿且康，以享厚禄，真有德福人也，愿一识其面。"但是，德秀携母到南昌任职仅一年，母亲就去世。乡人得知，多有叹息：天何不佑善人？

真德秀请亦师亦友的李方子为其母写行状，请孔硕撰写墓志铭。孔硕的《真太母吴太宜人墓志铭》中赞称："太夫人事舅姑孝且敬，尽妇道；家贫勤俭自力，事夫顺而恭，尽妻道；早寡抚诸孤，慈而义，尽母道。"她是一位完美的人。

吴氏45岁时丈夫去世，德秀时年15岁，且家贫。她有海洋般的母爱，担起家庭重担，含辛茹苦，躬身纺织，使真德秀得以坚持学业并成名。真德秀在江东任职时，当地遭大灾，吴氏识大体，脱下簪珥，倾尽奁资，全部献出用来赈灾。她平时教诲真德秀，临官要以宽平决事。

真氏族谱

据孔硕《真太母吴太宜人墓志铭》载，真德秀有兄弟4人。长德新，早殇；德秀排行第二；第三德辉，岳阳司理；第四德象，迪功郎，敕书安抚司机宜文字。而刘克庄《西山真文忠公行状》提到他有一弟为德林，真实情形无法考证。他还有姐妹二人，一个嫁给进士黄荣仲，一个嫁给萧颖仲。

真德秀不仅“孝”，而且十分看重“悌”。“悌”是对兄弟姐妹的友爱和关心。他对弟妹关怀备至，奏荐先弟后子，侄儿似道、履道都是他推举的。因担心兄弟渐行渐远，他从江西回到家乡守孝，没有居室，先筑精舍，以奉先茔。又作睦亭，期望兄弟能和睦相处。他作《睦亭记》说：

凡人所为宗族者，以其不知所出之本一也。诚知其所出之本一，则虽由衰焉而功，由功焉而缌，由缌焉而至于无服之亲。譬之巨本百围，枝叶虽疏，而根干则一，岂容以异观哉？

他为守寡的姐姐抚育孤甥。对早逝的妹妹，他在《祭萧颖仲文》中说："女弟遽亡，我怀之悲，迄今未已。"他与妹夫萧颖仲，30年间亲好是笃。萧颖仲去世后，他在祭文中写道："追念畴昔，黯然魂惊。一樽陈前，有涕如泻。"真德秀真是孝悌的楷模。

真德秀夫人杨氏，为杨圭之女。杨圭，字国瑞。杨圭于庆元五年（1199年）与真德秀同擢进士。历官知黄岩、干办诸司粮科院、知建昌军、常德院通判，晚年赠大中大夫。历官有惠政，但屡遭弹劾。从真德秀所撰的文章也可以看出杨圭的仕途轨迹，有的是对丈人政绩的赞誉，如《贺外舅转官》：

黄山桃李闹春风，曾见先生化育中。

经界力行师孟子，井田有意复周公。

几年凋俗成佳邑，一旦新纶赏旧功。

明主已知材智美，渭川行起钓璜翁。

有的反映丈人仕途坎坷，如《外舅生日醮青词》：

宰邑黄岩，皋慾丛积。分司列院，斥罢不容。摧颓三黜之余，闲散十碁之久。

杨圭对真德秀也是慧眼识贤才。杨圭说真德秀"三犀贯顶，此异人也"。因真德秀面相奇特，杨圭认为他是可造之才，有前程，必能成大事。真德秀小的时候，杨圭便将他带回家供养读书，"卒诸子学"，并认准真德秀是乘龙快婿。那时真德秀刚刚丱角（丱角是古时儿童束发成两角的样子）。就是说真德秀年龄很小时，杨氏就被许配给他。

真德秀与杨圭恩义甚笃。真德秀一生与杨圭都维系着相当亲密的关系。《西山文集》中有多篇为其岳父祈福、祝寿及贺转官之文，都充满对丈人门第、爵位、宦情的关切。

杨氏于淳熙九年（1182年）出生，小真德秀4岁。嘉定四年（1211年）去世，年仅及三旬，早真德秀24年卒。其时，其子志道尚在襁褓，真德秀为其子写了一篇《代男正追荐母青词》，满怀深情地简要回忆了杨氏的德行：

> 平生实钟善性。救人之急，则虽倾橐以弗辞；遇姑之疾，则不解衣而亲侍。精勤以缮内典，斋洁以奉高真，盖出至诚，匪由外饰。

可以看出，杨氏确像刘克庄所说的“夫人尤贤”。这篇青词说是真德秀为其子所代作，但更是真德秀对其夫人的赞誉和怀念。杨氏先赠宜家，后又进令善。获此赠后，真德秀写了《崇兴祝文》烧在妻墓，并叹息杨氏“早同于艰难，不及生被荣宠”。

真德秀有一子一女。嘉定十七年（1224年）十二月十六日，真德秀在潭州任上被任命为中书舍人兼侍读。他请假一个月，回乡祭扫父母，至宝庆元年（1225年）二月初十才抵达浦城，途中女儿去世。

真德秀的儿子志道，开禧三年（1207年）出生。幼敏慧。真德秀对他寄托厚望，为培养他倾尽心血，望其能传承家学。志道旧名正则，字诚之，号一斋。嘉定十七年（1224年），真德秀将其改名仁夫，字志道。“志道”语出《论语·里仁》：“士志于道。”其后，真志道又向袁甫请字。袁甫，字广微，号蒙斋，鄞县（今属浙江宁波）人。嘉定七年（1214年）状元。官至权兵部尚书，暂兼吏部尚书。真德秀与袁甫关系密切。袁甫科考时，是

真德秀选择其卷子入殿围。袁甫深知真德秀，称真德秀“为今天下端人”。他为真志道写了一篇《赠真仁夫志道序》说：“今之称子为佳公子者，他日可将曰真学者也。夫必使人称子为学者，则西山翁之心始慰矣，始可以言实矣，始可以无愧于斯名斯字矣。请以小字字仁夫，曰实之，而因为之说。”这是说，希望志道实实在在做学问，做一个学者，传承家学砥砺名节，这才能符合真德秀的期望，故字取“实之”。

真德秀对其子充满期望，在一篇《生日设醮青词》中祈祷：“已愈于四十，弱息仅止于一人，实为命以相依，且膺门之是赖。”父爱如山，但真德秀对其子严格教育，10岁的真志道已“粗明于忠孝”。志道生日时，真德秀为其作诗勉励称：

我闻洙泗言，惟仁静为寿。

汝欲锦修龄，斯义盖深究。

要求他要心无旁骛地志于学。志道外出任职，真德秀给了他一床青氊，并写了一首诗《以青氊与志道》：

要识夜眠处，当如亲膝前。

清温供子职，清白保家传。

意思是说，你夜眠盖上青氊，就如父母在你身旁。要清廉供职，保持清白的家风。

真德秀时时刻刻都在对真志道进行教育，一次给其子一床楮衾，还送一篇《楮衾铭》，教导他儿子，楮作纸，可以传播圣贤知识。巧者把它制成被子，在“朔风怒号，大雪如席”之夜，盖上楮衾，亦可安眠。百姓终年劳作，买不起昂贵布被，没有这楮衾，穷苦的人会冻死。他说，楮衾有“四德”：“盎兮春温，皓兮雪白。廉于自鬻，乐于燠贫。”他要求儿子“偕之终身，将传之千万子孙”。希望志道以前哲为榜样，“奢不可纵，欲不可容”“去华务实”。《楮衾铭》最后以“俭是廉之本，廉者行之先”来勉励儿子。一床楮衾、一篇铭文，表达了真德秀的深意，即要把廉、俭的家风继承下去，传之万子千孙。

楮，是一种落叶乔木，桑科，其树皮是桑皮纸的原料。楮衾，就是桑皮纸做的被子，即纸被。

《大学》和《中庸》是由理学集大成的朱熹从《礼记》中抽出作为单行本，与《论语》《孟子》配合，又分别精心注释，然后合集刊行《四书章句集注》。

真德秀在著《大学》《中庸》集编时，召子侄侍立在旁，开卷必点校一章，而后演说其义。宝庆三年（1227年）点校完成后，他谆谆告诫真志道，要潜心力学《大学》《中庸》，但必须先熟读其他圣贤书，才能知道我用功深、采取精、自博而约之义。说完，真德秀将此书交给真志道，志道拜受。可见，真德秀对子侄的教育抓得很紧。他

对圣贤君子怀敬畏之心，并讲究礼仪。据志道记载，真德秀编《大学》《中庸》集编时，每晨起坐，堂上必炷香，子侄皆站立在旁。可见真德秀凡读圣贤书毕恭毕敬、必焚香、必腰身端正，以表对圣贤的敬意，使后代受到尊贤的熏陶。

真志道荫补承奉郎，真德秀去世时，新监南剑州税务。累迁户部少司农、户部侍郎。自淳祐迄咸淳，登仕籍30余年，禁杂派，节冗费，颇有德政。立朝抗疏不避权贵，时论以为有父风。著作有《家训》8卷，《文苑》12卷及《诗集》。真志道对真德秀著作的出版也作出贡献。真德秀《大学》《中庸》集编手稿，真志道受之家传，铭记于怀，珍藏在家。闲坐时，真志道将书向同行讲说，郡学谢侯善（福建莆田人，释褐状元）得知，就与真志道商议，“将此书刊于学宫，使家有其书，人传其学，使之广泛传播。”咸淳七年（1271年）此书刊行，真志道写了《〈学庸集编〉后序》。

真志道夫人赵必姜，是皇室宗亲、名相赵汝愚的孙女。

真德秀也重视童蒙教育。宝庆二年（1226年）秋，真德秀为子侄讲说《大学章句》《论语集注》。对子侄学习中提出的问题详加解答。绍定二年（1229年）四月，包逊到浦城造访真德秀。县令陈昉得知，请他到县学讲论《孟子》要旨。包逊谈吐清畅，听讲的百余人莫不耸动，真德秀亦参加听讲。第二天，真德秀请他到家塾为子侄讲论，讲得明白切至，听者忘倦。后来，包逊讲义刻于县学，真德秀作《跋包敏道讲义》。

真德秀还制定《家塾常仪》，强调“古今孝悌、忠信、长厚、退让”等人伦道德。他提出要求：

一曰：学礼。凡小儿要识道理，识礼数，在家庭事父母，入书院事先生，并要恭敬顺从，与之言则应，教之事则行，切得忌慢，自任己意。

二曰：学坐。定身端坐齐脚敛手，勿得伏依靠背，偃仰倾斜。

三曰：学行。笼袖徐行，勿得掉臂跳足。

四曰：学立。拱手正身，勿得跛倚欹斜。

五曰：学言。朴实语言，毋轻率慢易。

六曰：学揖。专心看字断句慢读，须要字字分明，毋得目视其它，手弄他物。

七曰：学书。臻志（集中精神）把笔，字要齐整圆净，毋得轻易糊涂。

据元杨载所作的《宋资政大夫少司农一斋真公传》载，真志道有五子，孙、曾、元辈皆贵显，且有廉声。但现在可知真德秀孙有姓名的只有3个，一是绍祖，以祖荫历知仁和县（今属杭州市），官至府判。二是同祖，以祖荫官至府同知。三是渊。其他事实失载。

文化土壤育英才

真德秀的故乡浦城在福建省最北部，与浙江、江西交界。武夷山脉与仙霞岭在境内交会。水注三江，溪河流向钱塘江、信江、闽江，是闽江源头之一。环山沃野，盆地相连，田畴肥美，耕地面积居全省之冠。

浦城建县的历史已有1800多年，是福建最早设立的五县之一。东汉建安初年（196年），浦城正式立县，以国为号，为汉兴。其后，县名皆与当代纪元相系。东吴立国，吴永安三年（260年），改名吴兴；唐武德四年（621年），称唐兴；武则天登基，天授二年（691年），改名武宁；神龙元年（705年），武皇去位，唐中宗李显登基，复名唐兴；天宝元年（742年）八月，以东越王馀善临水筑城，定名浦城。

真德秀出生地仙阳，南有揖仙桥（古名裴通桥，又名葡萄桥），地处渔梁岭之南，山南为阳，故名仙阳，旧名迁阳，也是一个古镇。南朝即在仙阳设亭，时著名文学家江淹任吴兴令3年，写下《迁阳亭》诗，其中有“揽泪访亭侯，兹地乃闽城。万古通汉使，千载连吴兵”，这就是说，2000多年前的汉朝，使者就在这里往返。唐代浦城为巨镇，县尉驻此。

浦城深厚的历史文化沃土培育了一批又一批精英俊杰。翻开浦城的历史，风流人物，灿若繁星；鸿儒硕辅，森列史册。宋理学家杨时称“浦城之为邑，盖南东贤士大夫之材薮”；真德秀也说“有宋南方人物之盛，实始于浦城”。区区一个闽地山城，竟有“名贤区薮”“上相之邦”的美誉。

仙阳镇自古以文化昌明、人才荟萃而著称。在宋朝，浦城章、杨、黄、陈被称为望族，其中章、杨、黄三姓都居住在仙阳。

浦城的人文环境对真德秀的影响很深，给真德秀提供了文化动力和精神支柱。

真德秀极为敬佩浦城先贤，其中包括刚正不阿、疾恶如仇的吴育，精于风雅、气节高尚的杨徽之，不徇私情、举贤荐能的章得象，以及才华横溢、清忠有节的杨亿。

真德秀不仅对浦城先贤很敬重，和与他同辈的浦城名贤交往亦深。浦城瑞安徐氏有二兄弟，一名徐荣叟，一名徐清叟。真德秀比他们兄弟各大2岁和4岁。徐清叟兄弟两人与真德秀友好，真德秀曾应邀到徐家，并作《双桂轩歌》称：“携我共坐青婆娑”。徐清叟担任太常博士时，奏请示正义、进人才，其意在裁抑史弥远恤典，召用真德秀、魏了翁。

真德秀就是在这样的人文环境的浸润下，成为有浦城人文特色的著名人物。

浦城文化的繁荣，使浦城成为理学传入的地区之一，也为真德秀读书作文、进行学术研究创造了学术文化的氛围，提供了得天独厚的条件。

理学，作为一种思想，滥觞于北宋初年，发端者为宋初三先生的胡瑗、孙复、石介。福建理学发端于宋初三先生时期的闽中四先生，即陈襄、郑穆、陈烈、周希孟，及章望之、刘彝、黄晞。

浦城是理学名邦，以真德秀为最著，而在真氏之前，即有亲炙朱熹的学者多人，且朱熹之前已有衍道之绪者，他们或传经以存道，或志道以明经，师友渊源历历可数。浦城在宋有理学十三子，章望之是福建理学的开山祖之一，练绘与杨时同游程颐之门，黄锾、萧顗为杨时学生，潘殖为刘勉之、胡宪、刘子翚之友，詹体仁、杨与立、杨禳、杨道夫、张彦清、叶文炳为朱熹弟子，真德秀为詹体仁弟子、朱熹私淑弟子。

真德秀能成为一位名重的理学家，与这些理学家的熏陶密切相连。

闽中四先生中，倡道最力影响最大者。首推陈襄。陈襄，字述古。宋侯官古灵村（今属福建闽侯）人，因号古灵。宋庆历二年（1042年）进士，出任之初，即任浦城主簿，权知县事。以复兴儒家学说为己任的陈襄，在浦城任职时，朝廷下诏郡县学办学校，他在城东龙头山左创建学宫，招收当地子弟，亲自授课。学校颇获盛名，吸引远方几百人来浦城求学。

真德秀对陈襄很敬佩，在为浦城主簿厅所作的《记》中赞扬说，自宋以来，仕于浦城的有数百人，但陈襄只是主簿，其声名能传永久，不是因为他离开浦城后当了高官，而是因其政绩甚佳，“其名亦传，故可传在人，不在官若职。”

在浦城宋理学家中，与真德秀有直接交往的有詹体仁、张彦清、叶文炳。

詹体仁（1143—1206），字元善，浦城人。隆兴元年（1163年）进士，历官湖广总领，司农少卿，太常少卿，直龙图阁知福州、静州府等。詹体仁师事朱熹。淳熙二年（1175年），朱熹、吕祖谦由建阳寒泉精舍赴江西鹅湖之会，詹体仁随行。詹体仁深于理学，沉潜经训，是真德秀的老师。

张彦清（1155—1218），浦城人，字叔澄。绍熙元年（1190年）进士，授光泽主簿，与李吕游，数往从学朱熹，造诣日深。庆元二年（1196年），他奉檄试士福州，时“伪学”之禁方哗，同列以是发策，士子多希主司意，彦清独取持议不阿者与其选。他任安福丞时，有广坡溉田废坏，豪右私其利，彦清请于郡复之，扶杖蹑履，往来泥淖中，半年后竣工，田以常稔。后知庆元县，因眼睛生翳，请主管台州崇道观。真德秀称其以孝友忠信为本根，以廉洁劲挺为质干。张彦清任官甚久，一向清廉，家庭寒素。

叶文炳（1150—1216），字晦叔。今浦城古楼乡叶家山人。家居时曾数次致书请教朱熹。宋淳熙十一年（1184年）进士，调晋江主簿，朱熹自漳浦还，以居官临民之法告语甚悉。后通判和州，将之官，父丧回乡。文炳每语同官曰："贪自多欲始，百尔皆欲，如意不受，赂安从得。清心寡欲，正本清源，乃吾儒功用也。"

真德秀对浦城这些理学家都非常敬重，有的虽不同世，但心向往之；有的关系密切，构成了他的核心交游圈。

詹体仁的理学思想和人格对真德秀影响甚深。在修养论上，詹体仁以"存诚谨独为主"，而真德秀的理学依归于"诚敬"。在天人关系上，詹体仁认为人的德性源于天。他说："惟皇上帝降衷于下民，若有常性，克绥厥猷惟后，此即'天命之谓性，率性为之道，修道之谓教也'。"对此，真德秀也曾提出"德性天与"之说。詹氏为文"明白㮚达，根于理致，雕镂刳劂之语一不出诸口"，为人意气风发，喜为高论，"好尽言，或议论盘错"。在这方面，真德秀可追风其师。

真德秀向詹体仁请教居官莅民之法时，詹体仁告诉他："尽心、平心而已，尽心则不愧，平心则无偏。"这句话使真德秀受用终生。詹体仁去世后，真德秀非常悲痛，"涕泣下而沦涟"。虽然詹体仁在真德秀29岁时就去世了，但已经在年轻的真德秀心中播下朱子学术的种子。真德秀为之作行状，并写了《祭詹大卿体仁文》。

真德秀亦常向张彦清请教，与叶文炳也甚为亲密。

絮絮而述真德秀以前的浦城理学前辈可知，浦城的学术氛围对真德秀影响甚大，熏陶甚深。他的学术思想渊源与浦城密不可分。

第二章

苦读成器　矢志不移

先天的聪慧和后来精深的文化修炼成就了真德秀，但人生命运难测，仕途开始的一帆风顺，或许只是上苍对他后来承担社会重任的某种铺垫和暗示。

诵经博学立志向

真德秀的第一个老师是他父亲真嵩，4岁时，他就表现出绝顶聪慧。父亲教他诗文，教过一遍就能背诵。7岁，真德秀已能作文。小学是古代官立初级学校，真德秀12岁进入小学，就已经懂得埋头苦读圣贤书，日夜不辍。他是个读书狂，夜归将书放在枕旁，夏天蚊多，在帐内点油灯，每天读到深夜，白色的蚊帐都被油烟熏成黑色。放学后，别的学童聚在一起玩耍游戏，而真德秀却独自躲在清静处，把其他学童的书取来阅读背诵。

真德秀家境贫穷，有时连灯油也买不起。当皓月升起，漆黑的院落洒落银辉，一缕月色照射到屋内，真德秀便在屋内窗下的床沿就读。月亮升高，月光照不到屋内，他就走出屋外读书。月西斜，他还爬上屋顶，追着朗月看书。

西山故居

西山故居全貌

真德秀从小就广泛诵读文史哲诸多领域的著作，为他后来的理论创造活动提供了广泛的研究题材和丰富的思想养料，从而使他能够站在更高的起点上，从更广阔的范围对自然、社会、人生进行新的理论概括。

少年真德秀是读过程颢的著作的，在他撰的《明道先生书堂记》中自谦地说："少知诵先生之书"。

宋代崇安县五夫里（今福建武夷山市五夫镇）胡氏家学是闽中早期理学的一大学系。它以胡安国、胡寅、胡宁、胡宏、胡宪等父子叔侄为主要代表，称为"胡氏五贤"。他们在当时学术界享有盛誉，其中胡安国、胡宏、胡宪更是宋代理学由开创、形成、发展到集大成阶段的关键性人物。胡安国、胡宏父子创办湘潭碧泉书院，以书院为阵地传播理学、培养学子，开创了

湖湘学派。

胡安国及其长子胡寅、三子胡宏墓皆在潭州，真德秀知潭州、安抚湖南莅职之初，就到他们的墓地拜谒，敬诵祝文。在《祭胡给事墓祝文》中称："公（胡安国）生于武夷而老终于衡岳，既乡闾之先哲，又道德之宗师。"并说："自少读公书，考现行事，高山景行，仰慕何究"。胡安国的主要著作是《春秋传》，真德秀少年时肯定毕恭毕敬读过此书。

朱熹综罗百代，集理学之大成，创立了广大精微的闽学思想体系，为中国文化巨人。真德秀是继朱熹之后的一代大儒，他一生都致力于阐述整理朱熹理论，并有所发明。真德秀很小就受到朱熹学术的教育，他在《朱文公祠祝文》中说："某不佞，自少读先生之书。""知理之与事同出一源，而明德者固新民之本也"。

真德秀从小志向宏大，他也喜欢诵读名臣的名篇。他的学生刘克庄的祖父刘夙是位名臣，官著作佐郎，"轻爵禄而重出处，厚名闻而薄利势"。真德秀少时就读刘夙给皇帝的奏稿，对他奏稿中"立朝能尽言，治民能尽力"的诤言很是敬佩，"未尝不拊卷叹息"。他从小就在心中树起贤臣的榜样。

要成为一个学者，必须博览群书，有广博的知识。从各个学科吸收营养，相互启迪，才能形成自己的思想体系。真德秀的兴趣广泛。

《观世音菩萨普门品》，简称《普门品》，原是《妙法莲华经》里的一经品，是佛教经典，真德秀小时也读过。后来，有一个叫杨和父的人刊印《普门品》，真德秀专门为他作《跋杨和父印施普门品》说："余自少读普门品，虽未能深解其义，尝以意测之曰此佛氏之寓言也。”真德秀初读时没理解其经的奥义，但是留下深刻的印象，所以后来会乐意为此经的刊行作跋。

少年真德秀对古琴也非常感兴趣。北宋著名的政治家和杰出的文学家欧阳修所作《序琴》，他少时就诵读。嘉定九年（1216年）秋，真德秀在江东任上，朱熹的学生、学琴40年的萧长夫来访，两人登钟山、访定林、酌寒泉。真德秀听萧长夫操琴，深深感到萧长夫的琴音能摆脱时俗，有欧阳修《序琴》中所要求的淳古淡泊的意境，为此高兴地写下《赠萧长夫序》。

新科进士忧国是

闽派学者中有许多不在意于功名、弃举业而专事求道的学者，也有相当部分有官职。据考，在朱熹有姓名可考的门人中，有官职者有150人左右，他们走上仕途，是为了入世匡时，是为了传播其学术思想，成为治国的方略。

古代要进入仕途，主要的途径是通过科举考试。宋代科举要经过解试、省试、殿试三级考试。

解试，俗称乡举。经过州府考试合格的举子，送往京师应礼部试，称“解”，属初考试。庆元元年（1195年），18岁的真德秀诗书满腹，八月登上考场（秋闱），一举成功。他的考试成绩相当好。

第二年春天举行省试，即礼部试，又称春闱。省试是在京都举行的。当时，京都设在临安，浦城是闽省到临安最近的县，但也要跋涉10天，且高山重重，道路艰难。

浦城至浙江，横亘着一座仙霞岭。

仙霞有六岭，属浙江江山的有窑、茶、小竿三岭，属福建浦城的有大竿、枫、梨三岭，最高海拔1413米。旧志称此岭“重岩峭壁，因势为关，飞鸟难渡，匹马难旋”，是福建进入浙江的必经之道。

真德秀赴京赶考，当然也是走这条路。本来，从浦城越过仙霞岭后，即可在清湖镇坐江山船直抵临安。从浦城到清湖，一般陆路需要4天，后6天坐船，这是比较轻松的，大凡富家子弟赶考，有书童挑担，提早动身，考前在京都住稳，既可消除路途的劳累，又可安心复习。而真德秀家贫，多方求助才筹钱万数，只好独自一人挑着书箱，背着包袱翻越仙霞岭。抵达清湖后没钱坐船，也只能一路疾走，就临考期。后来他在《万桂社规约序》中无奈地讲述了他首次参加礼部试的情况：“忆余初贡于乡，家甚贫，辛苦经营，财得万钱。囊衣笈书，疾走不敢停，至都则已惫矣。”筋疲力尽的真德秀走进贡院，只有名落孙山的结果，他必然是懊恼的。

真德秀带着遗憾回到浦城，但不因落第而灰心丧气，而是继续孜孜攻读。当时规定，参加礼部试落榜，欲再参加礼部试，当再参加乡试。庆元四年（1198年），真德秀再举于乡。

在这次解试中，他看到闽县（今属福州）黄振龙的试卷，认为数百人中，独有黄振龙的作文平澹有理趣，叹为佳士。其后，真德秀与黄振龙结下深厚的友谊。

浦城是礼义之邦，乡间有个“过省会”的好风俗，就是谁家有读书能人进京赶考没钱，只要有人提议，乡邻即捐钱资助。真家人缘好，真德秀好读书乡邻皆知，乡亲都为真德秀上次礼部试失利而惋惜，踊跃参加“过省会”，真家获钱数万缗，加上亲友的赆仪，有了较充裕的资金。这次，真德秀赶考不用步行，租赁车辆代步，轻松地抵达京师。对此筹资办法，真德秀心怀感激。他自江东担任地方官后，每举都助钱20万缗，帮助举子赴礼部试，以示不忘本。

真德秀这次进京赶考，由于资金较充裕，一改窘境。他早早到达临安，兴致勃勃地徜徉在湖光山色之中。他到西湖东南面的吴山住宿。

三月，临考那天，真德秀满怀信心走进考场。这科共取进士412人，真德秀取捷，中式是乙科，赐进士出身，名次靠前，他“不以高第胜流自居”。

这年科考，真德秀的岳父杨圭亦中进士，岳婿同榜，成为佳话。

真德秀中进士的前几年，发生了党禁事件。韩侂胄为首的权臣极力排除崇道学且异己者，牵连极广。真德秀在都城获悉党禁之祸的始末，激愤不已，同时更坚定了他捍卫理学的决心。

初任即显致远才

真德秀胸怀大志，金榜题名后不是得意扬扬，还总嫌自己学问不精、不博，并寻师求教。任官前，他与岳父杨圭拜访了傅伯寿。

傅伯寿，字景仁，福建晋江人。隆兴元年（1163年）进士，乾道八年（1172年）再举博学宏词科，官至签书枢密院事。他是一位好学博学者，真德秀在其后所撰的《傅枢密文集序》中称，傅伯寿“闲居常诵书，日以寸为程。当沉酣痛快时，至不知饥渴寒暑”。真德秀对他很仰慕，新中进士时，傅伯寿正担任建宁知府，真德秀与杨圭一起谒拜，问作文之法。傅伯寿尽心尽力教诲，指出作文要旨是“长袖善舞，多才善贾。子归取古人书，剧读而精甄之，则蔚乎其春荣，熏乎其兰馥，有日矣”，意思是要在博学的基础上求精，而且要进行甄别，这样才能学必有成。但是，这次求教时间很短，所问的只是科目之文，真德秀很是叹惜。

新科进士真德秀仪表堂堂，时人称其“玉立长身，钟吕大器”“长身广额，容貌如玉”。他被任命为与他家乡较近的南剑州判官，协助长贰料理州政，分案治事。

南剑州地处闽北大谷地的最低处，闽江上游建溪、沙溪、富屯溪在此汇合，既有虎踞龙盘之势，又有清明伟丽之姿。

南剑州文化煊赫。宋天圣二年（1024年），郡守曹修古就在西山创建南剑州学，开全国州学之先。比宋仁宗诏令全国兴办州学早20年。著名的理学家杨时、罗从彦、李侗均居住州境，朱熹4次来到南剑州拜访李侗，请教学问，解疑释惑，聆听教诲。因杨时、罗从彦、李侗、朱熹同出南剑州，且学脉相承，人们称他们为“延平四贤”。

得天独厚的自然风光及浓厚的人文气息，让真德秀在此任官很是惬意，公务之余，继续努力攻读。

南剑州的衙门在城北隅，后踞龙山，前面九峰，二水交流其外，实为形胜之区。判官厅在州衙门之西，处于山之半。厅西有小亭，正对溪山最佳处，隔溪对面是九峰山。真德秀上任后，即遵傅伯寿的教诲，将旧亭修葺一新，办完公事即坐亭中，聚精会神翻阅古今书籍，“口不辍吟，笔不停辍”，时而纵目远眺，澄光秀气喷入几席，令他肺肝畅然。

真德秀任判官时，知州是叶筠，甚有德政，政以爱民为本。叶筠任职两年，于开禧二年（1206年）十一月二十日，以贤高迁。离任之日，百姓“扶老携幼遮道”送行。真德秀与叶筠意气相投，同心相应，同气相求。叶筠是叶梦得的玄孙，他在南剑州时刊刻叶梦得的《春秋考》。叶筠是州主官，但他对真德秀学问很赞赏，欣然请真德秀为此书作跋，可见两人关系确不一般。

叶筠离任时，僚吏对他很怀念，都有诗歌赞咏。他们认为真德秀深知叶筠，友谊深厚，请他为这些送行诗作序。真德秀当仁不让，高兴地写下《送叶守行诗序》。

真德秀在南剑州，还有四件事可载。

真德秀热衷访贤，得知郡城东凿滩之上有贤士寓居，寓名“拙逸”，是贤士范机的故宅。范机，字纯之，“其学邃于《易》，其文长于歌诗，其为人意度娴雅而介直以和，其仕勇于及民，而啬于营己”。真德秀急切地向他求学，但其时范机在湘中为官，不能与之游，不过真德秀还是一得他的讽咏，即捧读不息，感慨万分。嘉定十二年（1219年）范机去世，真德秀在泉州任上，建安江涛持范机行状请他写墓志铭，他当即写下《宋通直范君墓志铭》，其中说：“闻君之风而兴敬者也，生虽不吾识，死乐为之铭。”流露了真德秀敬贤的真切心情。

真德秀虽新登进士，初为官，但已很有名望。一天，有一儒者衣冠的人，挟着一部《登科要览》登门请他为此书作序。此书全面详细地记叙登科的要事。真德秀认为此书体现前人劝学的遗意，为了使后生小子能得观之，知道通经博古之为贵，更加坚定日进不已之心，乐意为之作序。

真德秀为州人崇敬，他对州判官厅读书的小亭多次进行修葺。真德秀离任后，杨修来将其改葺亭名为“宏博旧观”，并挂匾。绍定四年（1231年　）二月初三，州从事兼招捕使司陈传祖对小亭及周围大加修整，将亭西将要倒塌的老屋数十楹，除能修葺的外，其余全部拆除，建“见山堂”。其上，建“溪山伟观楼”。旧观之北为轩，轩有小池，剖竹引泉，淙潺可爱，名为“听雨”。又建“仰高亭”，环其四周植梅与桂，间以修竹。循坡登山，结茅古樟之下，全城山川概尽目中。工程于当年四月初八完成。此处不仅成为一方胜迹，也是怀念真德秀之处。真德秀对南剑州，特别是对判官厅的小亭很是追念，30年后，“回忆旧游，未尝不炯焉心目间也。”他为此作《溪山伟观记》以示怀念之情。

第四件事是，在开禧元年（1205年），真德秀在赴京参加博学宏词科考试前，遇到林子。真德秀早闻其诗名。林子参加科考屡次失利，但平生好士，乐佳山水，是个隐士。这次游历经南剑州，特地拜访真德秀，相见如故。交谈中，林子侃侃而谈《易》，说：“阴阳消息之变，休咎倚伏之机，壹以《易》准，而且要参之以太元潜虚之文，皇极经世之篇，幽微窈眇，根极理致。”真德秀听后，对他更加敬佩。就餐时，两人对饮，披肝沥胆，推心置腹交谈，笑语满屋，气益豪，语益壮，真是喝得爽、谈得爽。真德秀要留他，但林子只居一日就辞别。临别时，真德秀写下《送林子序》赠送给他。真德秀对林子邃于《易》、雄于诗、但不求闻于世很是叹惜，他写此《序》，即欲使林子之名得以彰显。

宏博坊图

宋代科举考试科目中有一个博学宏词科。考试上等除京官除馆职，中等减三年磨勘，即官员考绩升迁可比规定的年限减少三年，下等减两年。考中这科的进士，都是学问辞章出类拔萃的人物。

开禧元年，满腹经纶的28岁的真德秀向礼部投状，请求参加博学宏词科的考试。

每科录取名额一般三五人，真德秀一试即中，朝野轰动，宁宗皇帝即下训辞：“勉之哉，毋矜而能，毋竞于进，朕将观汝致远之器”，对他寄予厚望。真德秀因此将书斋名以“致远”。

宁宗皇帝还下圣旨，在真德秀的出生地迁阳镇镇安庙前建宏博坊。

真德秀中博学宏词科后，即调入福建安抚使萧逵麾下任幕僚，协助萧逵办理政务。

时在朝任右丞相的陈自强，闽县（今属福州）人。曾为韩侂胄童子师。陈自强是贪鄙之人，四方致书，必题其缄。“某物若干并献”，凡书题无“并”字则不开。他任京官后，纵容家乡的子弟亲戚收受贿赂。在真德秀任幕僚期间，发生陈自强家人在盛暑之际强行索取房租的诉讼案，真德秀履职不避权贵，在案牍上批：“丞相方忧边思职，顾屑屑及此乎！”以讥嘲陈自强。

这时，真德秀与后来成为名臣的李诚之、陈宓交往甚欢。

李诚之是大学者东莱先生吕祖谦的高足弟子。真德秀在闽帅幕时，李诚之时任福建安抚使司干办公事。真德秀时年29岁，而李诚之已近60岁，但同样的志向，使两人交游甚欢，“居相邻，游相乐”。李诚之曾慨然对真德秀说：“‘笃信好学，守死善道’，此吾辈八字箴。”真德秀敬佩其言。

陈宓是丞相陈俊卿子。少时拜朱熹为师，长期从学于黄榦，以父荫入仕。真德秀与陈宓文字交往频繁。《复斋先生龙图陈公文集》中，陈宓给真德秀的书信就达28封，在其给他人的书信中最多，还有不少诗文，谈学术，谈为政心得、想法，以及家庭之间应酬文字。他们探讨仁、义、礼、智、信，君臣、父子、兄弟、夫妇、朋友，探讨敬与学的关系，探讨《诗》《易》。交换对政局的看法，真德秀不少奏议都知会陈宓。如陈宓《与真西山札》说：“蒙赐报甚宠，并示奏议三篇，词精义完，用意深远，使谋国者皆然，何治不成之？”陈宓建延平书院，从开始动工到告竣，其间写了三通书信告知真德秀。真德秀在家乡迁阳建睦亭也写信给陈宓，并将《睦亭记》寄给他，请他写“睦亭”两个大字。陈宓对真德秀之母甚为尊重。真母有“自欺堂”，陈宓为之题记。真母去世后，陈宓连写《挽吴太夫人》《祭真右史母吴令人》以表哀悼。真德秀将其母的墓志铭寄给陈宓书丹，陈宓乐意接受，还与真德秀讨论铭文的内容。他们私交密切，真德秀赴京任太学正，到泉州任职，从福州任上去京任职，陈宓都撰文送行。

《宋史》称陈宓“天性刚毅”“论荐之直”。宝庆元年（1225年），真德秀想推荐他做官，被他拒绝。而在《与真西山书》一信中他直斥“坐视国家倾危而噤不发一语”之徒为“明哲保身”者，颇为肯定真德秀首发济王之冤的举动。绍定二年（1229年）春，真德秀自作箴，说：“学未若临邛之邃，量未若南海之宽。制行劣于莆田之懿，居贫愧于义乌之安。莆田者，指予师复言也。某与复斋平生故友，而每叹其不可及。”对陈宓的人品作了极高的评价。陈宓去世3年后，真德秀还为陈宓的诗集作跋。

真德秀在闽帅府，还有一事值得一记。

庆元四年（1198年），与真德秀参加解试时相识、被真德秀称为佳士的黄振龙，在真德秀任职闽帅府时前来拜访，其后两人经常交往。真德秀深知他“不惟文艺可观，而行谊之美”。黄振龙数试礼部均不利。真德秀任京官时，闽人都投谒，请求帮助。真德秀筹划给黄振龙再一次考试的机会，但黄振龙以未闻道而忧，婉谢真德秀相助，真德秀称他有“君子之风”。

嘉定十二年（1219年）七月二十一日，黄振龙去世，年仅51岁。真德秀为他作墓志铭，称：“执笔慨然，我涕于零。呜呼，伤哉，擗抑失声。”真德秀失声痛哭了。

开禧三年（1207年），真德秀被召为太学正，到京任职。

西山真文八公像

經筵獻納道宏康濟衍義數陳斯文攸繫

諱德秀

處則真儒出則名世繼往開来功垂勿替

第三章

血诚国事 披肝诤谏

宝剑锋自磨砺出，正是奸相误国、风雨飘摇的特殊年代造就了他。他无愧是忠义诤臣，铁骨铮铮，令山河为之增色；一腔正气，更是写尽为官风流。

宋朝宰执的最大特点是分割相权，但在南宋政治史中，却是权相屡出，他们的政治地位极为重要。所谓权相，并不是说宰相有权便是权相，而是指宰相利用其掌握的权力，独裁立威；排斥政敌，网罗党羽；操纵台谏，控制言路；蒙蔽君主，专擅大权。权相政治下，中央决策机构及决策系统的运行机制都发生变化，宰相的私人宅邸成为朝廷决策的中心。文书系统方面，权相的“堂帖”或者代书“御笔”，乃至权相私人信函成为最高的政令指挥，出现了“言相不言君”的现象。

南宋最著名的有四大权相：秦桧、韩侂胄、史弥远、贾似道。

宰相权力大增是从秦桧时开始的。在高宗朝，秦桧独揽朝政18年之久。宁宗朝，韩侂胄掌握朝廷大权达14年。史弥远在宁宗、理宗两朝，操纵朝廷大权共达26年。其后的贾似道也专权15年。南宋王朝历时152年，四大权相擅政时间就达73年。

权相专政残酷的镇压，必然会引起士大夫和官僚的激烈反抗，这样就形成壁垒分明的两个对立的政治派别，导致党争。在真德秀时代，有韩侂胄的“韩党”和史弥远的“史党”。这都导致党同伐异，谁掌权就无情打击另一派的党羽。

真德秀整个从政生涯都是在韩侂胄、史弥远两个权相的乌云笼罩之下。政治高压和文化专制一直悬在真德秀等士大夫头上。真德秀在政治漩涡中沉浮，他面对黑暗的政治，忠肝义胆，傲然挺立，勇于搏击，奋力作为。

首上三札树诤臣

真德秀第一次入朝任京官，在开禧三年（1207年），职为太学正。此前一年十一月，仍在闽帅萧逵幕下。

真德秀所任的太学正官职虽微，只是正九品，但已属京官序列。太学是设在京都的国家最高学府。太学生是在太学读书的生员，是最高级的生员，是官方认可的天之骄子。太学培养天下的士类，是州、县学无法比肩的。太学正掌管分经讲授，执行学规，对学生进行考选。担任太学正者必须品德高尚、德才兼备。真德秀能担任太学正是非常荣耀的，也是他踏上京官仕途的第一步。

真德秀得此官职，他的好友陈宓高兴地写了一篇《送真西山除学官》，为真德秀送行。此文先是阐说人之所以与天地并行之道是仁、义、礼、智、信，最后写了一段文字勉励真德秀："君平时之所以处其身者，必古之合后之戒。今以儒官羽仪天朝，推是道与太学之士共守之，使三纲五常之在人心者光明洞达，不独致泰和之治于一时，又将垂之千万世而不息。是岂不系于已矣。"

在太学正的职位上，他最为欣慰的是遇到3个得意门生。

一个是福建建阳人宋慈。其祖上为唐朝著名宰相宋璟。宋慈为太学生时，以同乡身份拜见学正真德秀，深得真德秀的赏识。真德秀称赞宋慈"耸秀轩豁""渊沉孜孜"，文章"有源流、出肺腑"。宋慈遂拜真德秀为师。

宋慈是法医鼻祖，淳祐七年（1247年），著成《洗冤集录》，总结宋代和以前法医的经验，比意大利人佛图纳图菲得利所写的法医专著早350年，是世界上最早的法医专著。

第二个是江湖派大词人、莆田人刘克庄。刘克庄补国子生时，闻知真德秀任馆，即往拜访。刘家为传统的理学世家，其祖父刘夙为理学家林光朝的弟子。其父刘弥对理学崇尚备至，尤其称颂朱熹集理学大成之功。真德秀因之称“世以正学传其家”。由于有共同的信仰，二人相聚颇欢。真德秀还以“学识治博”推荐刘克庄。

刘克庄正式入真德秀师门，却是在20年后的宝庆元年（1225年）。这年十一月，真德秀因申论济王事，落职罢祠，回到家乡浦城。就在这时刘克庄投真德秀门下，除真德秀的“盖世盛名”、人格魅力、精深学问外，还出于对真德秀在“济王事件”上政治取向的认同。刘克庄也对济王没有昭雪非常愤慨，这一年，他写下《乙酉答真侍郎》给时任礼部侍郎的真德秀，信中说：济王是被盗所迫，朝廷应下诏表示哀痛，给予厚葬，赐给美谥。但是，现在没有听到这样的行动。后世会怎样评价？有着这样的政治基础，刘克庄自然选择站在真德秀这边。

在真德秀众多弟子中，刘克庄跟随他的时间最长，也颇得真德秀的赏识和信任。绍定元年（1228年），真德秀编《文章正宗》，诗歌一门，交给刘克庄编纂。端平元年（1234年），真德秀帅闽，召刘入幕府，为将作监兼福建帅司参议官。真德秀任户部尚书时，刘克庄随同任将作监主簿，后改任宗正寺主簿。刘克庄因《落梅》诗获罪后，有二十来年未仕，现在终于被朝廷任命了官职，真德秀高兴地说：“方是本色”。这一时期，真德秀的许多文书都由刘克庄代拟。端平二年（1235年），代真德秀作遗表，刘克庄是不二人选，还为真德秀写了长长的行状。同时，真德秀与刘克庄的文字往来在诸多弟子中也是最多的。

真德秀第三个得意门生是擅长写骈体文的才高学博的李刘。嘉定元年（1208年），李刘新中进士，他想考博学宏词科，为此去拜访已中博学宏词科的真德秀，真德秀留之小饮书房。书房中有一竹夫人。真德秀指着竹夫人，请李刘以竹夫人为题和四六，李刘须臾成章。末联是：“保抱携持，朕不安丙夜之枕；展转反侧，尔尚形四方之风。”用《诗》《书》全语，都是夫人的事，而形四方之风，又见竹夫人玲珑之意。真德秀当即击节称赏。刘克庄也在座上，因而认识李刘。刘克庄也很钦佩李刘的四六文。后来，刘克庄在《题方汝玉行

竹夫人，古代消暑器具。编青竹为长笼，或取整段竹中间通空，四周开洞以通风，暑天置床席间。唐代称竹夹膝，宋代始称竹夫人，或称竹姬，常为诗歌的题材。

卷》这篇文章中，专门提到此事，并说：近时学者作四六“多宗梅亭，今人但诵其全句对属，以为警句，功父佳处，世所未知也”。刘克庄编《后村千家诗》，将李刘的《闻笛》选作《音乐门·笛》类的代表作。这也是真德秀师生之间的一段佳话。

真德秀在太学卓卓有贤行，无私无畏，儒学精湛，教授范物以躬，出入冠带唯谨，日与学子讲明为学之要务在笃实，毋溺浮华，深获赞誉。很快就在第二年，即嘉定元年（1208年）春天，由太学正升为太学博士，兼任礼部点检试卷官。官阶从正九品升到八品。特别是点检试卷官官小职重权大，举子礼部考试后，按课题不同，分别评阅举子试卷，批定分数，初定等第进呈；在知举官决定合格与否、及第等级后，再查试卷中有无干犯事项。这是决定举子命运的职务，真德秀正直无私，担任此职，可称得人。

这时的典举官是楼钥、倪思，也就是真德秀敬佩的上司和前辈。公事之余，他们时常共论时政。

楼钥（就是将真德秀改字希元的那个楼钥）在京城见到真德秀，又是他的属官，很是高兴。他对真德秀很看重，寄予厚望，把朝廷的文献尽传给他，使他熟悉朝廷的典章制度、故事等，希望他大有作为。

倪思也是真德秀的恩师，真德秀在南剑州任职时，倪思将词科衣钵传给真德秀，对真德秀考上博学宏词科有很大的帮助。倪思在朝中见了真德秀，而且真德秀也在他手下任职，自然对真德秀谆谆教导，详细告诉他立朝行已本末，真德秀终身受用。倪思曾在泉州任过知州，其后真德秀也到泉州任职，即写书向倪思讨教为政方略。倪思去世后，真德秀哀痛地写了《祭倪尚书文》。

绍定六年（1233年）十二月十四日，泉州重建倪思祠堂竣工，真德秀特地写了《重建太守倪公祠记》，历数倪思的业绩外，又一次回忆倪思对他的教诲，可谓情真意切。

宋朝的官员有轮对制度，又称次对。这项制度始自宋太祖，他常令百官轮流当面向他奏对，指陈时政得失，举述朝廷急务，凡事关利害者，许以极言，其后成为定制。真德秀已侧身京官之列，取得当面向皇帝就国事发表政见的资格，忧国忧民的真德秀便有机会向皇帝陈述自己的主张。

真德秀第一次轮对是在嘉定元年四月十九日。

仪表堂堂的真德秀在轮对中声音响亮，引经据典，侃侃而谈，直言不讳。

自从政之后，真德秀胸怀忧国忧民之志，竭诚于职守，希望能够使内外交困的宋王朝振作起来，以摆脱危机。他是当时腐败政权中少数头脑清醒的大臣之一。真德秀的治国方案主要是用理学思想来正君心，服民心。在对待北方金人的侵略上，他虽然反对纳贡称臣，但又主张不急于征讨，而应该首先巩固内部，实行自治自守的政策。在当时的形势下，南宋小朝廷确实已面临日暮途穷的处境，根本谈不上恢复故疆。他鉴于韩侂胄贸然出兵北伐惨败的教训，主张清除腐败、严肃政纪、收服民心，这对当时处于危势的宋王朝来说，不失为正确的决策。他清楚地看到当时南宋再也经不起大的折腾了。

嘉定元年（1208年），南宋和金国签订了和议，称为嘉定和议。在此前，南宋还与金国签订了两个屈辱的和议，一是绍兴和议，二是隆兴和议。第三个屈辱的和议就是嘉定和议了。南宋应

金国要求，于三月二十六日开棺取下韩侂胄的头颅。五月，派出使者将韩侂胄首级送至金，才促使达成和议。其主要内容是：宋金关系从隆兴和议的叔（金）侄（宋）关系，改为伯（金）侄（宋）关系。宋办理金岁币由每年银20万两、绢20万匹分别增加为30万两、匹。宋给金犒军钱300万两。金归还新侵的土地，双方维持原来的疆界。

嘉定元年（1208年）十月，史弥远进右丞相兼枢密使，这是掌管军政大权的最高职务。真德秀对嘉定和议有清醒的认识。

他首次入对，就上殿奏三札：首言和议不可恃，修德行政乃实务；次言朝廷勿以好名、好异困沮善士学子；再言严选狱官，察民隐、恤民命。他奏道：

> 政事方修，而懈弛之形已露。正人虽进，志未获伸。言路虽开，忠罕见用。臣愿陛下以通和讲好为权宜，以修德行政为实务。
>
> 权臣开边，南北涂炭，今兹继好，岂非天下之福？然日者行人之遣，金人欲多岁币之数，而吾亦曰可增；金人欲得奸人之首，而吾亦曰可与；往来之称谓，犒军之金帛，根括归明流徙之民，皆承之惟谨，得无滋嫚我乎？抑善谋国者，不观敌情，观吾政事。今号为更化，而无以使敌情之畏服，正恐彼资吾岁赂以厚其力，秉吾不备以长其谋，一旦挑争端而吾无以应，此有识所为寒心。

真德秀这一段坦言，认为在嘉定和谈中，朝廷对金人的威胁、讹诈一味退让，不能使朝廷立威，会引来后患。他很有远见，提醒皇帝不要安于暂时的和平，应该看到其中隐藏的祸患和危险，应该提高警惕，思图振救之法。

真德秀上奏中说："此有识所为寒心"。真德秀的这番话，是当时舆论的代表。《齐东野语》记载了当时太学生讽刺嘉定和议的诗：

自古和戎有大权，未闻函首可安边。
生灵肝脑空涂地，祖父冤仇共戴天。
晁错已诛终叛汉，于期未遣尚存燕。
庙堂自谓万全策，却恐防边未必然。

第二札中，真德秀认为，振救祸患的根本之法就是崇尚理学，奉行正道，褒崇名节，以明示好尚。他接着说："侂胄自知不为清议所容，至诚忧国之士，则名以好异，于是忠良之士斥而正论不闻；正心诚意之学，则诬以好名，于是伪学之论兴而正道不行。今日改弦更张，正当褒崇名节，明示好尚。"真德秀认为，韩侂胄制造"庆元党禁"，禁止理学，迫害理学人士，使正道不行。他趁宁宗有改弦更张之意，劝其重兴理学，重建理学秩序，以正人心，定国是，转移风气，矫正士习。

第三札中，他对"典狱之官未尽其人"非常忧虑，认为狱官事关人命，他建议："愿陛下念仁政之当先，轸民命之至重，明诏铨曹自今差注狱官非进士任，并历官无过与关陞及格之人，不许充选。"

真德秀的三札，表明自己的政治观点，皆恳切务实之言，是为道学正名之始。这些言议很大程度上代表一些正直的士大夫的心声，引起很大反响。真德秀也在朝廷中初步树起诤臣的形象。

轮对的三札，二札“寻得旨依”，第三札“得旨送部勘，当寻施行”。

初议国是

轮对不久，真德秀又得升迁。嘉定元年（1208年）闰四月，召试学士院。过了4天，又除秘书省正字，简称正字。

秘书省又称秘阁、秘省，是文人聚集之所，宋朝统治尚文抑武，南宋偏安，依然重文。真德秀入朝不久即进入秘书省，得此尊荣与厚待，是朝廷重文的应有之义。真德秀在秘书省担任校勘典籍，刊正讹谬。校勘典籍，是一个细致、烦琐的工作，而且要有学识才能胜任。这个职务坐拥书城，对有求知欲的真德秀来说，是适得其所。

真德秀这时还兼任两个职务。一是编排官，又称管号官，是编排试卷官的简称，是贡院的官名，主管编排举人试卷字号和合格举人名次。另一个职务是玉牒所检讨官，负责纂修皇帝编年大事记及皇帝宗族世谱，只有值得信赖的人才能担任此职。

这年，真德秀又得到两位前辈的教诲，影响他的一生。

一是王柟。嘉定元年，真德秀见到王柟时，王柟年已65岁，但气容貌伟，襟韵洒然，须眉皓齿，颜如渥丹，风度猝然，语笑有味。一日，王柟召同舍一起吃饭，席散，他特意将真德秀和留元刚留下。留元刚与真德秀同中博学宏词科。留元刚语气激愤地论赃吏之害，说应当施行旧典，把他们额颊等处刀刺“赃吏”二字，涂上墨，没入官为奴隶，这样才能大快人心。真德秀也深表赞同。真德秀看到王柟只微笑不语。留元刚走后，真德秀向王柟请教：刚刚这些话，是否不合理道？王柟说：你们二人都是盛年，不应当愚蒙地专持一切。王柟所说很有深意，是要厚重言寡，虽遇人不设城府，实应内含威严，故令人不敢欺；若厚重言多，又不设城府，那就难免为人所秉而受人之欺。其后，真德秀领悟到，在权势面前，治顽疾不能图一时之快。应有远虑，应有退藏，该进则进，该退则退，循序渐进。

君子与人为善，即颂非其实，未尝不望其从善改愆，这与以谄诗谀文依附权贵、乞取官禄者是不能相提并论的。真德秀在给史弥远的信中，寓扬以规，即通过表彰先贤来规劝史弥远。

真德秀敬佩诸葛亮对国事、对君主小心谨慎、不辞劳苦、竭尽全力、到死为止的献身精神。嘉定十一年（1218年），史弥远生日，其门下之士争为赋颂，歌功颂德，四方牧守则竞献珍奇，而真德秀大书诸葛亮"开诚心、布公道、集众思、广忠益"十二字作寿礼。并词诚意切地写《上丞相书》："丞相勤身辅政，而中外之心未孚；屈己受言，而士大夫之情犹不能以自竭。愿因某之言，考武侯之为，勉其未至，则功业日盛，福禄日隆。"以诸葛亮之道德功业进行规劝。

第二位前辈是杨简。嘉定元年（1208年）的一天，杨简召见真德秀，真德秀到其斋室，"见其斋明盛服，非礼不动"。杨简问："希元有志于学，顾未能忘富贵利达，何也？"真德秀茫然不知，杨简告诉真德秀，我曾经见到你找道士问命，所以知道你未能忘富贵。他告诫真德秀，勿贪念富贵，才可以说道。真德秀深感杨简对他"爱之心而教之笃"，从此称杨简为师。

嘉定二年（1209年）二月，真德秀的官职达到“郎”这一级，担任校书郎，负责校正图籍，定其脱误。

四月，真德秀上奏二札。第一札，言暴风、雨雹、荧惑、蝗蝻等灾害，因此陈条四说，一是要亲正人，二是要抑近倖，三是除壅蔽，四是去贪残。指出政治可兴，首要是任用正人，“愿陛下亲近端良，优容切直，知贤而任之则勿贰，知邪而去之则勿疑。”他为民请命说：“方今元元之命寄陛下，倒悬之急近在目前，幸哀怜而救之。”

第二札，指出在韩侂胄专权期间，“《玉牒》《会要》所书，大抵承近侂胄之意，而夸大其功，欺天罔人，莫此为甚”。请“特降睿旨，命提举大臣，申饬其属，其未进者亟加修纂，稍加辩正”。使朝廷巨典焕然一新。

南宋循古制，在明堂祭祀昊天上帝五帝，以太祖、太宗、真宗等与享。这年大祀，真德秀被委以重任，摄位太常卿，为初献官。侍宁宗祭祀于明堂。这个职务应由太常卿担任，是正四品。这天祭祀，太常卿不能亲临，由只是从八品的真德秀摄行。这次祭祀，真德秀以从八品的职官能暂代正四品官员的职能，不仅风光，更可证明他在朝廷的威望。

十二月十八日，真德秀又升迁，兼学士院权直。

嘉定三年（1210年）四月，真德秀又升为秘书郎，仍兼学士院权直。秘书郎为秘书省秘书郎简称，掌管分类储藏与抄写、刊刻图书。官阶由从八品升为正八品。真德秀能在书林中如饥似渴地学习典籍，对他学问精进大有裨益。

这年六月十五日轮对，真德秀上殿奏二札。第一札中，当着皇帝的面要求广开言路，倾听正人端士的意见，制止邪说歪道，以抑制小人之势。还说要选良牧，励战士，招流民，以挫群盗方张之锐，这是为了防备内乱、加强统治，并认为从当前的内外形势看，南宋的首要任务应该是稳定国内政治形势。

真德秀非常强调“公议”，早在嘉定元年就指出，公议关系到国家兴亡，不可等闲视之。在这次轮对的第一札中，他严肃地指出公议问题：

> 更化之初，分别淑慝，国论尝一定矣。众正在廷，元气充实，奸邪之党，尚肆窥觎。一二年来，俊贤著艾引去相踵，甚而二三近臣之进退，仓猝皇遽或不知所从来，于是善良之士寝不自安，而窥伺者益众矣。

第二札中，更指出公议存于人心，尽管有权势的人可以暂时颠倒是非，然而最终为世人所不容。真德秀把公议提到天理的高度，公议存于人心，公议就是民意，公议就是天道，“天理”是永远不可泯灭的，那么作为“天理”之表现的“公议”，也是万世如一日、不可泯灭的。顺应天道，则人佐之，天助之。这种天人一体的思想显然是儒家的顺天应人思想的表现。

他恳切规劝皇帝说：“用人立政一以天下公议为主，而不累于好恶偏党之私，尽公极诚如对上帝，则天人胥悦，治效可期，海内之幸也。惟陛下留神，反覆愚臣之言。”

古人将“天”视为世界最高的主宰和价值的本原。在儒者的解释中，民意所反映的就是天意，因而天之聪明，因民众之视听为聪明；天之明威，因民众之好恶为明威。真德秀解释说：“天之聪明在民，天之明威在民，民之所在即天心也。天人一理，通

达无间，有民社者其可不敬乎？”

在这年，真德秀又结识了一些贤士。

赵汝愚长子赵崇宪为朱熹门人，比真德秀早两个月除秘书郎，两人交往密切。赵崇宪去世后，其子请真德秀为其父作墓志铭，对真德秀说：“先君与公昔同三馆，既又有连，且相好也，敢援是以铭文为请。”

真德秀结识的另一人是为人正直敢言的黄由。同在学士院的真德秀与黄由有很深的交谊。在他所作的《任汉州发策本末》中回忆说：“嘉定庚午，余与姑苏黄公并直禁林。暇日，语余庆元间营救发策事甚悉。予谓任、陈、黄三君子，愤权臣颛恣，奋笔诋叹而忘其祸之及。黄公怜善类之蒙害，悉力全获而不计其身之危，皆非贤者莫能为也。”

嘉定四年（1211年）三月，真德秀任著作佐郎。著作佐郎是秘书省著作佐郎的简称，参与修纂日历、祭祀祝辞等。虽然与秘书省校书郎同是正八品，但地位较大。真德秀不断改官，地位越来越重要，同僚中有人妒忌，诬陷真德秀是媚谄时相才获得骤迁。真德秀对此恬然无争。其后，谗毁真德秀的人，被时相所厌恶，时相要授真德秀官职，将谗者放逐，真德秀坚决辞谢不就。当时任尚书的刘爚赞叹地说：“不过迟作从官十年尔。”

朝廷没为谗者所惑，继续给予真德秀新职。八月，兼礼部郎官。

十二月，真德秀轮对，又奏三札。

第一札奉劝皇帝“体昊天仁爱之意，思星文变动之由，延访近臣，勤求阙失，推行惠政，以活斯民”。他还针对内廷对灾异屡举醮事，认为“修德行政者本也，禬禳祈请者末也”，不能本末倒置。

这年六月初七，余嵘任贺金国生辰使使金，到达涿州良乡县，金中都燕京被鞑靼围困，余嵘使还，他才知道金人有鞑靼之忧，金国也日趋衰败。

为此，真德秀为边防之事奏了第二札。札中分析金与宋的形势，提醒宁宗不要安于暂时的和平，应该看到其中隐藏的祸患和危险，提高思图振救之法。认为“今日北敌有必亡之势三，可为我国忧者二”。指出“忧不在敌而在我”。他提出强国自治之策：

> 勿以葸羹（过分小心的意思）之故，而谓仇耻可忘；勿视荫之谋，而谓幸安可恃。修实德以格天命，敷仁政以结民心，奖忠实以作兴天下之材，省科敛以培养天下之力。至于某人可将，某兵可用，某城当缮，某器当修，无日不计于朝而申训之，庶几国势自尊，敌人自慑，则乘机取胜，可以制蚌鹬之危，养成竢时，足以保金汤之固矣。

南宋，楮币（纸币）是关乎民生的大事，真德秀说：“今日关国脉盛衰，系民生休戚，其惟楮币一事。”北宋，以铜钱、铁钱作为主要货币，随着商业发展，作为商品交换与支付手段的货币，在南宋发生了具有划时代意义的变化，楮币开始大量发行，对促进商业发展起了积极作用。但是，由于南宋王朝把滥发楮币作为弥补财政亏空的手段，从开禧北伐至嘉定年间，连年战争，军费开支日益庞大，于是增加楮币的发行量。淳熙年间，楮币发

行2400万缗，开禧年间猛增至1.4亿缗，嘉定年间激增至2.3亿缗，仍不停止。这造成了楮币的严重贬值和币制的混乱。楮币实际贬值，而法令却不许其降低。商贾为规避楮币贬值所带来的损失，只有抬高物价，造成物价飞涨。加上没有进行严密监管，一些人钻了空子，大发横财，民怨四起，成为一个严重的社会问题。

楮币也称“楮券”，是中国旧式纸币的别称。因楮皮可制纸，通称纸为楮，故名。

真德秀在第三份奏札中对楮币提出了批评。当时政府发布新令，以旧券之二而易新券之一。真德秀指出：新令由于地方官的梗阻，只给豪富之家，没惠及下户，或只惠及城区，农村被遗漏。他“伏望申敕明指，戒饬监司守臣，一意讲求，多为区画，俾实惠及人，而无换易不行之叹，庶几诏令之下，不为空言，实天下幸甚”。

读着这些奏疏，真德秀一心为民的拳拳之心跃然纸上。

嘉定五年（1212年）五月，真德秀升为军器少监，复权直学士院。军器监总领内外军器，长官为军器监，正六品。军器少监是军器监的副长官，从六品。这时的真德秀不是“七品芝麻官”了。

这年冬天，在南郊举行祭祀，真德秀又担当重任，以从六品代替从三品的吏部侍郎侍宁宗祭祀。

立春，是春天开始的节气。谚云：“一阳乍能，万象回春，交春三日，百草萌芽。”人们对春天的来临寄予厚望。每年立春日，从朝廷到地方，都举行迎春接福的仪式，祈保一方风调雨顺、五谷丰登。学士院进撰春贴子。

嘉定六年（1213年）正月初六是立春日，真德秀也大展其才，作《皇后阁春贴子词》五首（其中五绝二首，七绝三首），其中一首称：

一夜东风到集芳，满园红紫已低昂。
寻花问柳非吾事，燕坐坤宁春寿长。

真德秀在朝廷，不仅有春贴子词，还有端午贴子词，计有41首。其内容，对皇后阁的贴子词都以歌颂为多，但对皇帝、皇太子写贴子词就不忘讽劝。

对皇帝规劝的贴子词：

有意苏民瘼，无心玩物华。
只求三岁艾，休进五时花。
当宁求贤轸虑长，每因佳节忆沉湘。
不须五色纫成线，自有忠言补舜裳。
廷英昼永汗霑衣，正是君王访问时。
应笑开元恣骄乐，粉团争射学儿嬉。
阳进阴消属此时，凝旒南面盍深思。

微臣自愧无规谏，愿献先朝学士诗。

对皇太子规劝的贴子词：

银牓青宫里，天风五月秋。

应怜耦耕者，曝背向农畴。

午漏迟迟滴玉壶，清阴幂幂布庭除。

只将底事销长日，《大学》《中庸》两卷书。

焜煌八字彩毫书，铁画银钩炤坐隅。

心正自能祛百厉，辟邪安用道家符。

灯市午门月，花时万井春。

朝来资善议，犹自问穷民。

嘉定六年二月初七，真德秀转任起居舍人。起居舍人为史官，或称右史，负责记录皇帝每日言行。官品虽然还是从六品，但是皇帝的近臣。真德秀闻知任职后，即上《辞起居舍人状》说：

古者设载笔之官，分记言之职，推原本旨，盖以人主出言之善否，实治乱荣辱之枢机，遴选贤良，置在左右，操劳执简，有闻必书，庶几非道不言，纳君德于无过之地。膺是任者，不其重欤。

他力辞此职，不敢轻受。但是宁宗第二天即下诏不允。

这辞状有隐语，真德秀是想告诉宁宗，自己是非常明白这职务的责任的，如果他担任这个职务，必将秉实记载，绝不渎职。

在任起居舍人之前，真德秀准备了二月十一日轮对时的札子，再次略论革除楮弊、行新令之宜，乞加约束，“伏望深诏辅臣，稽参众论”。但因初八就改为起居舍人，只好搁下。

真德秀心底无私，无畏无惧，就是对国舅亦敢向宁宗进言。

杨次山，字仲甫，恭圣仁烈皇后兄，是国舅。少学能文，补右学生，其妹杨太后与史弥远密谋诛杀韩侂胄拥立宁宗，杨次山也直接参与。宁宗要给国舅特授少保，进封永阳郡王，加食邑700户，实封300户。宁宗令真德秀拟制诰。真德秀对杨次山的骤进是不满意的。他在制词中有“亶为异渥，夐掩前闻”之语，就是说对杨次山实在是特别优厚了，是前所未闻的。继而又上奏札，指出：“古今载籍之传，莫不以恩宠太盛为外家之深戒。”还举汉朝两个最有名的贤戚来警示宁宗。他说：“外戚家若不知谦退，富贵有极，人当知止。”真德秀建言说：“窃谓二人之言，盖陛下所当知，而戚里所当鉴也。”时任礼部尚书的许奕与真德秀很要好，两人都认为对杨次山恩典太甚，也写了劝阻的奏疏。

真德秀和许奕都写了奏疏，但真德秀官小，只把奏疏交给庙堂，时相史弥远没将他的奏疏缴进。而许奕官大，直接上疏宁宗，杨皇后见到许奕的奏疏，“震怒，遂斥许，而文忠独留。”当然事后，杨次山还是加少保，封永阳郡王。

实际上，杨次山也是一个不错的人。“次山能避权势，不预国事，时论贤之。”真德秀虽在奏折中说他升迁过骤，杨次山并不因此而耿耿于怀。他以真德秀名重，向真德秀示好，屡屡托人传说，很想与真德秀识一面。但真德秀不因杨次山炙手可热而趋炎附势，正色拒绝其示好之意。

理学在理宗朝确立正统地位之前，经历了时兴时废、时沉时浮的过程。庆元年间，理学遭禁，被打成“伪学”。嘉泰初年，学禁出现松动。开禧三年（1207年）四月，韩侂胄被杀后，史弥

远吸取韩侂胄的教训，改变韩侂胄打压理学的做法，扶持理学和拉拢理学人物，为死去的理学大儒请谥加爵。然而，将理学用以规范学人，并进而统一全国士庶思想的努力收效甚微。朱门传至真德秀和魏了翁，二人担当起传承光大理学学说的使命，真德秀的贡献尤大。

开禧三年，真德秀到朝廷任太学正后，从次年开始，充分利用轮对和转对机会，不断向宁宗皇帝上奏，宣扬朱子学说，扩大学派影响。论到各种时弊时，都向皇帝进言，要从根本上解决时弊，就要皇帝以“正心诚意”“修身洁己”的朱学为指导方针。首要任务是广开言路，重用理学人士。在嘉定五年（1212年）五月二十八日的入直奏事中，真德秀直言，嘉定以来，理学人物还是受到压制，还不是用朱子思想来指导朝政。言下之意，是说宁宗有“叶公好龙”之嫌，言行不一。

他在奏札中说，自嘉定更化之始，皇帝下诏求直言，荐绅士，大夫都以为自此言路大开，可以见到祖宗盛时气象，但五六年来，士风仍然懦弱、惧怯，与以前没有差异。他还叙述了权奸擅权、驱逐正人对朝廷的祸害，指出：“更化之初，一时群贤皆得以忠言自奋，……自时厥后，傅伯成以谏官论事去，蔡幼学以词臣论事去，邹应龙、许奕又继以封驳论事去”，认为此数人去朝，是“陛下真有讳言之意”。傅伯成、蔡幼学、邹应龙、许奕在真德秀心目中都是朱子学术的继承者，都是忠臣，正直敢言，宁宗罢斥这些人，不利于用朱子学术来指导朝政，应重用这些正人，“使人知忠鲠可尚，而谀悦可羞”。为此，他奏请皇帝要“勤访问”“广谋议”“明黜陟”。

真德秀对楮币问题十分焦虑。在嘉定五年五月二十八日入直奏事的第二札中，又专门就楮币的监管问题向宁宗直言，要求对违反诏令本意者进行惩罚。这充分体现出理学家的民本思想，也是真德秀推行理学理论的具体表现。

一疏万言论边事

嘉定六年（1213年）八月，真德秀兼太常少卿。长官为太常卿，少卿为副长官。

嘉定六年十月十一日，真德秀上殿连奏二札，议论国是。朱熹以来的理学家，既有强烈的忧患意识，又有深厚的人文关怀。真德秀也一样，对形势有非常清醒的认识，认为要收复失地，首先自己要强大。奏折中说："今其强敌外攻，大臣内畔，酋长废殒，骨肉分争，败亡之形甚前日"，这真正是国之忧。他恳请宁宗如周文王一样，"进修圣德""发政施仁"，君臣上下皆以祈天命为心，然后可以安元元、固社稷。他反复强调："国之将兴，不在强兵丰财，而在君德；国之将亡，不在敌国外患，而在民心。"在奏札二中，他分析了地理形势、军事形势。列举先朝故事，认为蜀地是冲要之地，宜加强军备。

真德秀入朝以后，上奏之事，都说明他看法深远，敢犯颜直指弊端，直声动朝野，他的奏折传出朝廷外，百姓都想见其风采。当时在朝中，主要有三个人与真德秀莫逆于心，心意相通。一个是袁燮，他曾在庆元党禁中论罢。二是柴中行，字与之，学者称之为南溪先生，自幼读理学家程颐书，崇尚理学。他对权相

史弥远结党营私很不满，向皇帝直言：“今日之事，人主尽委天下以任一相，一相尽以天下谋之三数腹心，而举朝之士相视以目，噤不敢言。”对宁宗施政多有规劝。还有一个是李埴，字季允，他父亲是大名鼎鼎的史学家李焘。李埴从理学家张栻游，求道甚锐，学者称他为悦斋先生。

真德秀直言论事，又有以上三人相呼应，成了史弥远的心头之患。这时史弥远以都司薛极等人为肺腑，此二人掌治六部纲纪之权，放肆侵侮。真德秀的奏章触及他们的利益，他们对真德秀等人有切齿之恨，想方设法要加害真德秀。

当时，蒙古大军一路南下，所向披靡，金国成为两军厮杀的战场，出使金国是危险之事。史弥远等人欲排挤真德秀，密谋将真德秀往战火中推。这时，金朝主卫绍王（完颜永济）政乱于内，一些女真贵族于金至宁元年（1213年，即南宋嘉定六年）八月杀卫绍王，九月二十二日，拥立完颜珣为帝，称宣宗。史弥远趁此机会，任命真德秀为金国贺登位国信使，欲置真德秀于险境。史弥远欲借刀杀人，引起舆论大哗，一些从臣表示反对，希望朝廷取消这一任命，但遭到拒绝。

真德秀不计恩怨，以国为重，置生死于度外，慷慨领命。

当真德秀出使行至宋金边境的盱眙时，因金都大乱，道路不通。真德秀时时事事以国事为重。他不因道路不通即返，而是在边境滞留两个月，对两淮山川险易、士卒勇怯、守将贤否、边民疾苦，都进行考察、访问，将边境情况了然于胸，并记录在册。其目的是回朝后，制定边疆政策。

嘉定七年（1214年）正月，真德秀返都。二月初一，宁宗赐对。真德秀奏闻江淮情况，怀着忧患意识，提出对策。他告诉宁宗，自楚之盱眙，经行所及凡数百里，平畴沃壤，极目无际，重湖陂泽，渺漭相连，而田野之民，又皆坚悍……凡两淮形势之利，如在目中。然后他喟然叹曰：此天赐吾国以为大江之屏障，使疆兵足食，为进取之资也。而士大夫习尚因循，视其荒残，漫弗之惜，田畴不辟，沟壑不治，有险要不知所以控扼，有丁壮不知所以练习，有豪杰武勇不知所以牢笼。

真德秀看到了江淮一带对国家安危的重要意义，说："自古立国，东南未有不以两淮荆襄为根本。"同时也看到统治阶层对这块土地和人民的忽视之忧。经深思熟虑，他提出巩固边防的方略。一是"当于两淮荆襄置三大帅，屯重兵"。二是大修垦田之政，专为一司以领之，力本务农……数年之后，积贮充实，边民父子争欲自保，因其什伍，勒以兵法，不待粮饷，皆为粮兵。金汤之势成，盘石之基立，则退足以守，进足以攻。他还提出要刺探敌方的军情，明了敌方情况，对敌方的深谋秘计要预先得知。

这些建议，对于巩固北方边防，有着积极而深远的意义。但他夙夜所思的方略，却得不到当权者的采纳。

三月初七，真德秀向宁宗皇帝进讲"元祐元年司马光等上书言设官分职"的故事，以此论述宰相不能专权。他说："今尚书省事无大小，皆决于仆射，仆射自朝至暮，省览文书，受接辞状，未尝暂息。精力疲弊于米盐细故，其于经国之大体，安民之远猷，不暇复精思而熟虑。"请朝廷实行"六朝专达之制"，"选择群工分厘众务"。真德秀讲述这个故事，是对史弥远专权不满而发。

七月十一日，真德秀又获向宁宗进讲故事的机会。这次针对官吏贪残的恶疾进讲“汉宣帝地节四年九月诏令减天下盐价”的故事，他针对当时官吏营私烦扰、侵牟规利、物价骤腾、百姓不胜其困的情况，要求严惩贪残之吏，不能削吏免官而已，要施之以流放之刑，行恤民、虑民之政。

七月二十五日，真德秀不顾忌讳，一疏万言，指出朝廷“安于苟且偷安”。他上疏说：“以忍耻和戎为福，以息兵忘战为常”，这是苟安之计，并旁征经史及本朝故事，以苟安为非计。他对宋兵弊端丛生、武备松弛非常痛心，严肃指出：“傥非痛扫弊端，一新戎政，则缓急将无可用之兵。”

面对腐朽状况，他也反对草率冒进，妄开兵端。他忧深思远，主张“自立之策”。内容包括两方面：一是自立之本，包括用忠贤、修政事、屈群策、收人心。二是自立之具，包括训兵戎、择将帅、缮城池、饬戍守。这些都是积极而稳妥的方针。

宋代公牍中有一种贴黄的制度。真德秀在这奏折中，有一个大快人心的贴黄，对如何处理宋金关系提出上、中、下三策：

> 以臣愚虑，苟能显行止，绝以其货币，颁犒诸军，缮修戎备，于以激士心而褫敌气，此上策也。命疆吏移文与议，削比年增添之数，还隆兴裁减之旧，此中策也。彼求我与，一切如初，非特下策，几无策也。

真德秀坚决要求实行上策，拒付岁币，宁宗说：“不当与。”最终真德秀拒付岁贡的建议得以实施，结束了宋长达50年向金输币的屈辱史。

真德秀这篇万言奏札的消息传到朝外，获得官民的一致称颂。浪迹江湖、著名的江湖派诗人戴复古于绍定三年（1230年）在福建邵武军学署见到真德秀这篇奏札，感慨万千，激动地写下他一生难得的长篇叙事诗，记叙真德秀出使及此篇奏札之事。篇名是《读嘉定七年秋真直院景元奏边事疏，窃有所感，效白乐天体纪其事》。诗中写道：

> 禁城鸡唱金门开，起居舍人携疏来。榻前一奏一万字，历历写出忠义怀。顿首惶恐臣昧死，越录敢言天下事。

这诗是仿效唐代大诗人白居易乐府体而作的叙事诗，全诗抑扬顿挫、遒深劲绝、真率易晓地叙述了真德秀的远见卓识、直言敢谏，体现出真德秀赤心为国的拳拳之情。

嘉定政治，说到底就是史弥远专政，所有人才进退、政事行否，天下人都知道这是史丞相的意见，以至于朝野“皆言相不言君”。史弥远擅以爵禄笼络天下之士，培

贴黄就是于奏状意犹未尽，摘要点，以黄纸别书于后，因奏状札子用白纸书写，所以这种做法称作贴黄。

植个人势力。《宋史》对史弥远的评语是：“擅权用事，专任俭壬”，这是个巧言谄媚、行为卑鄙的人，“一时之君子贬窜开逐不遗余力”。他以爵禄任用小人，使心腹党羽遍布朝廷，薛极、胡榘、聂子述等皆是此类。“薛会之极，胡仲方榘，皆史所任也。”民谣谓“草头古，天下苦”。还有史弥远引用的台谏官李知孝、莫泽、梁成大被世人称为“三凶”。

真德秀德高望重，史弥远欲拉拢他，但他一身正气，不肯同流合污，不入其彀，而且言行与史弥远相左，发生龃龉。刘克庄劝真德秀：“时朝论方事苟安，谓公‘张皇’。”真德秀对此很愤慨，认为这是以“张皇”来压制不同意见、闭塞言路。他还向宁宗皇帝请求离开京城，担任地方官。

在此，须提到一人，即刘爚，字晦伯，受学于朱熹、吕祖谦。他任国子司业时，言于丞相史弥远，请以朱熹所著《论语》《中庸》《大学》《孟子》之说以备劝讲，正君定国，慰天下学士大夫之心。刘爚为真德秀的老师，真德秀在《刘文简公神道碑》说：“德秀从公游有年，凡其修身立己正君端朝之本末实具知之。”嘉定七年八月，刘爚权刑部尚书时，真德秀慨然对刘爚说：“吾徒须汲汲引去，使庙堂知世有不肯为官之人。”于是极力请求到地方为官。史弥远问真德秀：“禁途在尔，胡为去也？”真德秀回答说：“老亲生长田间，但知太守之乐，不知从官之荣。”

嘉定七年十一月初二，朝廷任命真德秀为秘阁修撰、江东转运副使。江东转运副使是江南东路转运副使的简称。江南东路的辖境相当于今安徽、江苏两省的镇江、大茅山、长荡湖一线以西，长江以南及江西省鄱阳湖以南。转运使为宋代最高一级地方长官，不仅掌握一路财赋，而且监控按察路内州、府、军及诸县官吏。资格浅的称转运司判官。

真德秀请辞不准后，没去走访，没急于打理行装，而是昼夜苦思，伏案疾书，要将自己肺腑之言告诉宁宗。十一月二十二日，他将赴江东任职，朝辞时奏两札，“忧国念君”，再进忠言。第一札，提醒最高统治者“国耻不可忘”“邻盗不可轻”“幸安之谋不可恃”“导谀之言不可听”“至公之论不可忽”。第二札言要维持公道，“使将指承命者得以展澄清之志，而贤不肖有所甄别”。宁宗听奏后，交代真德秀：“卿力有余，到江东日，为朕撙节财计，以助边用。”

到这一年为止，真德秀立朝已有7年，奏论则关乎国计民生，言行则不为权势所屈。朝野正士都期望他能成为宰相一类的大臣，深惜其去。

魏了翁说：“公数年之间，论奏恳恳，无虑数十万言，权相为之侧目，而海内人士，抄传诵咏，于是蔼然公辅之望，中外无异词矣。”

真德秀的老友袁燮还专门写了一篇《送右史将漕江东序》，赞扬真德秀“起居正色敢言，知有吾君而不知有吾身，知有宗社生灵而不知有吾家。视此身之进退，不啻如浮云之去来，未尝以他念杂之，玉壶寒冰，表里洞彻。此则起居之本心，非由外至者也。”这是说真德秀为了国家、为了百姓，有奋不顾身的精神，称赞真德秀有冰清玉洁的高尚品德。

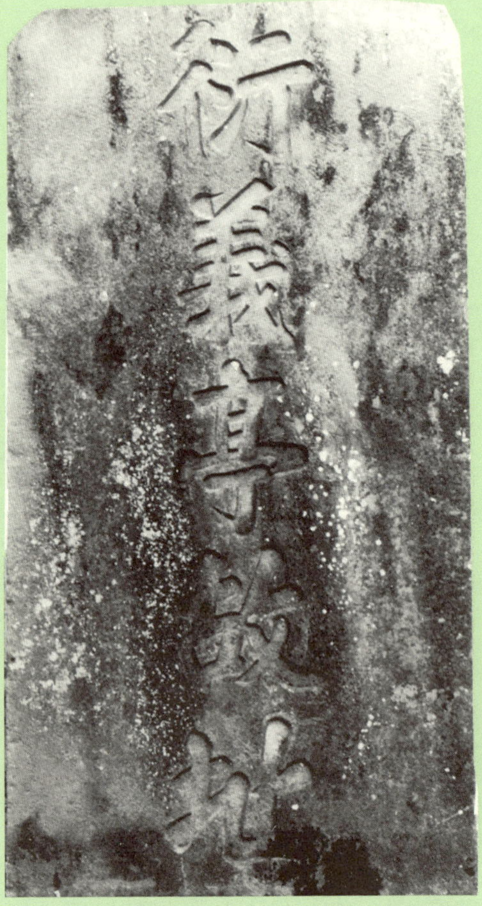
衍義亭故址

第四章

宦游所至　惠政为民

执政为民，儒家的民本思想深深地融入他的言行之中。为官一路，不分东西南北，也不惧逆境，更不计个人忧患得失。政坛险恶，他却书写了堪称永恒的佳话。

江东救灾

真德秀离京到江东上任，刚刚出关，夜宿在南山的招提，便遇到意想不到的快事。第二天早晨，曙色刚露，就有驿吏来敲门，告诉他袁司业到了。这袁司业就是为真德秀撰《送右史将漕江东序》的袁燮。真德秀喜出望外，急忙披衣迎接。真德秀见袁燮后，不及寒暄就问：“先生如何起得这样早？”袁燮回答说：“此时怎么能够安心睡觉！”他知道真德秀在此，因急于见面而睡不着，更因艰难时局而忧虑不安，急切想交谈而不能安寝。两人抵掌而谈，倾谈世事，满目时艰，以致涕泣，一心为国事的心情，真是日月可昭。袁燮对真德秀年壮气锐、举措有不合于道很是担心，对他进行规警，并以《中庸》《大雅》《诗》中语勉其慎始慎终。12年后，真德秀对这次偶遇和袁燮的训语牢记在心，为不负他的期许，写下《絜斋先生训语》。

江南东路的治所在建康府（今南京市），曾是比较富庶的地方。江东邻近南宋与金朝的边境，开禧北伐，这里流徙最多。嘉定元年（1208年）以后，旱蝗相加，死亡相踵，而且吏治败坏。也就是说，真德秀到江东时，这里已不是富庶之地，而是沦为满目疮痍之处。

嘉定八年（1215年）二月初一，真德秀到达江东路的信州永丰县界，交割职事。刚上任，他就访问民疾，对所见所闻深感忧虑。在《江东漕谢到任表》中说：

因博采于风谣，颇究知其疾苦。以垂罄之家，而因追需之目，以屡丰之岁，而多流徙之人。官无足证之簿书，里有难平之徭役。文移星火，不胜胥吏之诛求；牒诉丘山，半为赋租之烦重。

他深知民劳不易，向宁宗表示："以阜俗为阜财之方，以悦民为悦亲之本"，整理吏治，解民之悬。他会牢记宁宗临别时的训语，撙节为先，以不孚重望。

当时的江东旱灾、蝗灾并发，真德秀一到任，顾不得安顿，就马不停蹄地到各州县调查。江东除饶、信两州雨颇多，其余建康、太平、宁国、池、徽五州府及南康、广德两军，"原野莫非赤地"，"蝗虫飞泊芦苇间，绵亘十数里，遂入府城，皆由东北而来，蔽天障日"。他到任后，将赈灾列为首要工作。

真德秀在京城结识的李道传，提举江东常平；谯令宪，提举江东刑狱，三人志同道合，相与戮力办理荒政，许多大事不谋而合。真德秀亲自到灾情最严重的广德军、太平州赈灾，谯令宪领饶州、信州、南康军救荒，其他官员也分配到各州县。同时，规定九郡监司要到各县通察灾情，具体措置提督，由各县分任其责，并且要做到通察与互报。要考察当职官措置善否、推行勤惰情况及境内有无流移死亡之民。

为了获得朝廷的支持和帮助，真德秀接二连三向朝廷报告灾情，请求救济，蠲免赋税。

三月，他来到宣城。宣城清流等9个乡及官民圩田上年就遭遇严重水灾。这年旱势未苏，又当起催夏税。他考虑到，县催督"零分苗欠，无所从出"，会引起重困，决定暂不征收宣城县

受水灾9个乡的夏税，到秋收才交纳。四月，他又到江宁访求民疾，发现和买的弊端。

真德秀调查的江宁县城南厢以至第三都，原来每年只须缴纳房地役钱624贯724文，此外无一毫税赋，后增加折帛钱。至真德秀调查时，已增至3072贯852文。为减少民困，他下令多出的钱由官府代输，并写下《奏乞为江宁县城南厢居民代输和买状》，会同安抚司，上报朝廷，五月二十九日得到批准。

六月初一，真德秀已全面掌握江东灾情，写下《奏乞蠲阁夏税秋苗》，他未雨绸缪，认为与其饥而行粜济之惠，不若先未饥而加存恤之恩，以保全民命。建议二事：一是缓期缴纳夏税。宋朝制度，以县为单位，由县令根据家业钱多少，将人户分为五等，注明应纳赋税及应服差役诸事。一等为最富，五等为最贫。真德秀奏请对本路州县因干旱无法种植的第四等、第五等人

和买，始见于南朝，即官府出钱购买民间货物。宋代以后，和买盛行。宋初，变成官府在春季将库钱贷给农民，秋季以绢偿还，名“预买”。南宋以后，官府不给钱，也不收绢，令和买绢折钱缴纳，为折帛钱，按各地物力摊派，责令百姓每匹帛按市价纳钱若干。

户暂不征收夏税，等将来庄稼成熟时一并催收。二是蠲放秋苗，秋苗就是上缴的官粮，对久旱无法种植的田亩，全放秋苗，其杂种麻豆之类，不许将其作为秋苗上交。

真德秀悲天悯人，一年左右时间就写下有关救荒的奏章20余篇。六月，他还写下《奏乞拨米赈济》，奏折中说："臣等早夜忧惧，思得协心尽力为陛下救此一道生灵，使不致饥饿流亡，散为盗贼。"他派官员下州县调查，应当救济的有百余万户，每户给1石，该有100余万石，义仓存储有43万石，请朝廷拨米50万石贴助义仓。

真德秀为灾民煞费苦心。为了使朝廷拨米能迅速分发给灾民，他又作《申尚书省乞截拨宁国府等上供米》。宋代实行转般法，就是各地上交的漕粮要运至转般仓（卸纳漕粮的仓库），再换船运至京师。当时朝廷同意拨米50万石，但要从镇江建康转般仓拨发。而灾区宁国等处有应上供米29万石。根据制度，有关部门催督将宁国上供米运到镇江转仓，宁国等州又是恰当赈济去处，因此真德秀奏请，宁国等州上供米不运到转般仓，将上供米就地分拨赈灾，既能使嗷嗷待哺的灾民得到及时救济，又免两次往来运输，浪费耗折及运输费用。

这篇奏章又附有小贴子。由于灾荒，当时米价腾贵，而所在州县既无管理之米，又无钱可以收籴为赈粜之米，米价更贵，灾民没钱购买，只好全仰赈济，如果由官府出钱买米（称作籴），然后再卖给百姓（称为粜），这样可以抑制米价上涨。关键是官府要有钱。真德秀在小贴子中请求动用国库，其时建康库有椿积钱，其余州郡都有待上交朝廷的钱。真德秀请求将这些钱兑借作

循环粜籴之本，将来灾情过后归还。

奏折中所提的两件事——截留皇粮、动用国库，这是有政治风险的举措。所以，真德秀在另一篇奏折上表明态度，“干冒威严不胜”，愿“俯伏俟罪之至”。

其后，真德秀又发出多篇奏章，请求朝廷救荒。

篇篇奏章，都是真德秀倾尽心血所拟，体现了他为民请命的拳拳之心。

真德秀在抗灾时，一切以抗灾为第一要务，其他事分缓急，有所为，有所不为。

朝廷最高军事机构枢密院下令池州烧造滁州城墙及本州修城的城砖，专差公吏，以军期为名下县监察，致使大批劳力投入烧砖，以备耕稼之用的耕牛也被征用，对救灾很不利。真德秀心底无私，虽面对军事工程，也毫不畏惧地上奏说：“夫修筑城壁，固当致力于无事之日，丰年乐岁，虽未免劳民犹之可也。今旱蝗之变甚于昔年，小民方皇皇然，救死之不赡，而复使之受无穷之忧，其何以堪？”他请求“罢诸县烧砖及修城二役，仍追回各县新差公吏，候将来丰熟日别议施行”。

真德秀江东救灾极有成效，救活的百姓达数百万之多。真德秀在广德军救灾完成后，百姓数千人送他至郊外，指着路边的墓冢，哭着说：“这些都是以往饿死的人，没有您，我们也相随入此墓穴了。”

真德秀深谋远虑，还探索赈荒的长效机制，建立了平籴仓。

宋朝最主要的赈粜机构是常平仓，定点设置，朝廷派专人监管，称提举常平司，隶属于帅府。申请籴粜有一套严格而又烦琐的手续。对此，真德秀于嘉定八年创设平粜仓于建康府。与常平仓相比，平粜仓有以下特点：其一，平粜仓隶属转运司，也有直接为地方官员所控制的，其粜本为地方所有，以赈粜为主；而常平仓为中央财政投入，其主要功能为平抑物价。其二，平粜仓无搬运转输之劳，赈荒方便、灵活。常平仓由中央委派的提举常平司管理，但平粜仓仅仅是常平仓的补充，而不是完全替代常平仓。平粜仓功效显著，“民赖其惠，虽歉岁市无贵粜。”

宋朝规定，各地守令遇到自然灾害，都要到庙中祈神，这是地方官的职责之一。真德秀为了救灾，也到庙宇祈祷。

这年五月，还是“川源断港”“阡陌扬尘”，他不仅在广惠庙祷告，还走到名山茅山等地祈雨。

江东灾情以广德军为烈，真德秀博采群言，都说本军教授林庠诚实恳到，有志于民，其负责的学政业绩可观，就请他共同负责荒政。其间，朝夕尽瘁，策划有方，使千里赤子，均得到朝廷赈恤的实惠，广德军百姓有口皆碑。真德秀上任之始，即以公论推荐朝奉郎、知信州军丁黼，朝散郎、通判建康府事曾耆年，承议郎、提领建康府户部赡军、酒库所主管文字李宷，奉议郎、分差建康府诸军粮料院杨若，从政郎、建康府学教授杨迈。他在《荐知信州丁黼等状》称他们五人都是君子之才，请予以特赐甄擢。

整肃吏治

真德秀非常重视县这一级长官的考察和使用。嘉定八年，

江东路有43个县，根据他的考察和百姓的口碑，他一口气就奏举10个县令。这10个县令不专以催科为急，而把百姓装在心中。如唐贤相宋璟爱民恤民，朝廷都称赞他，说他所至之处，如阳春煦物，称宋璟为“有脚阳春”。这10个县令勤于政务、爱护百姓，称其为有脚阳春也不为过，所以真德秀极力推荐。

真德秀自二月上任，至当年秋天，遍走全路二府五州二军四十三县。经他考察，能以“至诚恻怛，恪意奉行政令，恤民救灾者”甚寡，使他仰叹。因此他下决心整治吏治，对那些欺压百姓、疏于政事、贪赃枉法、救灾不力的官吏，绝不姑息，严惩不贷。在这方面，他有诸多论述。

他说，不良之吏没得到惩办，更会肆意妄为，百姓必将受到祸害。“通守之职，所以关决郡条，苟非其人，必至贻害千里。”他谆谆教导官员：“方今仁圣在上，爱养元元，若保赤子。凡百有位，皆当恪意奉承，使德泽下流，鳏寡得所，然后无负朝廷为民置官之意。”“天灾流行，虽盛世不能免，惟上而朝廷，下各守令至诚以忧之，尽力以救之，则民虽不幸而遇凶岁，可使骨肉相保而无流离，全其天年而不至殍踣以死。”他认为不良之吏是“颛恣妄为，贪虐相济，大吏以虎狼之威，搏噬于其上，小吏以狐鼠之奸，跟琅于其下，轻蔑国宪，荼毒民生者”。又指出“邑之有丞，所以协赞其长治一邑之政，若乃狠傲而陵上，昏眊而失职，有一于此，是谓负臣”，又说：“士之行己，笃实为先；吏之临民，廉洁为本。二者既亏，虽小有材，亦不足贵矣。”

真德秀对百姓仁慈，对清官爱护，对不良之吏铁面无私，坚决罢斥。他在江东任上，阻止两个不良知府的任命，参倒1个通判、3个知县，还有县丞、主簿、县尉、县监税、司户10人。他对贪虚妄为、不恤百姓的官吏厌恶而痛恨之极，而且秉持公心，铁面无私，任人唯贤。

嘉定八年秋天，真德秀奏请罢免的知宁国府张忠恕，是尚书右仆射、同中书门下平章事兼知枢密院张浚之孙。可这张忠恕一点也不忠恕，是一个利欲熏心、胆大妄为的不良之吏。宛陵（今属安徽宣城）之民，将张忠恕民怨十条呈给真德秀。经查实，朝廷拨给宁国府转般仓及义仓米117362石用于救荒，张忠恕不念一府十万生灵嗷嗷如在沟壑，对这赈恤百姓的救命米粮，下拨本府各县用于赈济的只有56246石，其余未见去向。有明令赋税正数外一毫不当多取，而他变化多征，不法之事甚多。真德秀愤慨不已。虽然张忠恕的祖父张浚是抗金名将，他又是理学家张栻的侄子，但真德秀也不顾情面，在次年初，奏请罢免张忠恕。其后朝廷下达圣旨，张忠恕撤职，安排宫观。令江东提举李道传前去暂兼权宁国府事。

勇斗都司

真德秀到江东任职前，朝廷都司数人认为他是迂儒，只会空谈，不会做实事。认准他到江东必然会失败。江东任职后，他取得不同凡响的政绩，民誉甚隆，那些人又诬蔑他“旱伤本轻，监司好名，赈赡太优”，由此引发了真德秀与朝廷都司的一场政治争斗。

都司是尚书左司、尚书右司及其郎中、员外郎的统称。掌治六部纲纪，左司分管吏、户、礼部，右司分管兵、刑、工部，对地方官可以举劾，是掌握实权的朝官。真德秀面对都司的攻击，不畏强权，以无懈可击的事实，使都司的不经之言不攻自破。

都司对真德秀的打击，是从拨发赈济米开始的。但真德秀不知攻击他的原因，还是一再请求拨发。嘉定九年（1216年）二月，真德秀请尚书省拨广德军赈济米33100石，但“日夕俟命，未准回降”，由于“事势迫切”，不得不再上《申尚书省乞拨广德军赈济米状》，还是没有得到允许。当时“本司帑廪又空，四顾傍徨，实无从出。阖郡（指广德军）数十万生灵之命已蒙全活，至今农事方兴，仰食尤急，若振恤不继，则前功尽捐。”经真德秀一再请求，尚书省将救济米从3万石减到2万石，还迟迟不拨。三月初，拨米还是没音信，又上《申省第二状》，仍如石沉大海。永康军定四月初一发放救济米，就是等下拨的赈济米，在毫无消息的情况下，真德秀于三月二十四日又上《申省第三状》，他引颈而望，得到的回复是改济为粜，就是说那2万石米要付钱买。根据当时情况，其间十室有九无钱可籴。为此，真德秀于三月十日又上《申省第四状》，请求免行出粜。从真德秀所上的四状可以看出他为广德军这2万石救济米用尽了心思，但四状都被下驳，原因就是有都司向朝廷诬告真德秀的好名声。真德秀尽心尽力救灾，反被说成是虚报灾情，窃取名誉。这些都司为了伤害真德秀，真是无所不用其极。

那帮无行的都司，还企图通过打击真德秀的得力助手，达到伤害真德秀的目的。

真德秀到江东之初，广德军的旱情最为严重。真德秀即委派林庠共同负责抗灾抚民。林庠朝夕尽瘁，筹划有方，遂使千里赤子均得到赈恤，是真德秀的得力助手。由于林庠与知军共事荒政，使知军魏岘欲行欺罔事时有了制约，招来怨恨。魏岘在都司的唆使下，绕过真德秀，径直上奏林庠不职，导致林庠被朝廷放罢。魏岘给林庠加的罪名是“舍教职而任荒政，挟漕臣而陵郡守”。嘉定九年六月十一日，真德秀得知后“深可惊骇”，即写下《奏为不合差广德军教授措置荒政自劾状》，具言实情，为林庠辩护。他说：“情状本末，暴之天下，自有公论。”并自劾“庠乃宣力救荒，横遭娼疾，臣宁冒昧一言，同受谴责，无宁畏罪泯默”，又说：“庠居官本无它过，致其出位，咎皆由臣，庠既罢黜，于臣之义，尤难苟免。”

真德秀上此奏时，还没有看到魏岘劾状。之后，得知其意不在林庠而在他自己。魏岘的劾状说真德秀不尊朝廷，贪天之功。真德秀六月十四日上《第二奏乞待罪》为此进行辩解：“自去岁旱蝗以来，朝夕忧惧，访求疾苦，不惮驱驰，区区此心唯知救生灵，所以固邦本布德意，所以尊朝廷，曷尝一毫自为己计？昨蒙圣恩，再赐民粟，即勒手榜，遍谕田里，使知获免饥饿流移之苦，尽出圣上仁恩。”

魏岘是一个柔邪之人，他对真德秀当面献殷勤，背地设陷阱，想制造真德秀目无朝廷的话柄。真德秀每次巡历，提前就严禁官吏迎送，所至萧然。当真德秀巡视到广德军时，魏岘出公库钱制旗给百姓，组织百姓执旗迎候。真德秀很惊讶，百姓无钱籴米，哪有钱制旗？急切地告诉他们收旗。魏岘又出绢找人绘像，

想给真德秀在学校立祠，还嘱林庠撰碑，因林庠力辞而止。真德秀识破玄机后，即发文严令，明确说全活生灵出自朝廷之赐，凡百官只是奉行，有何功德可以当？而这个魏岘，反打一耙，将此告上。

真德秀虽不容于朝，但以忠实恳恻为时相所重。而且，没有授人以柄，无从构陷。真德秀的辩白，得到朝廷的理解。明白事实真相后，六月二十一日，圣旨下达，真德秀无罪何待；魏岘夺职，安排宫观的闲职；林庠为干办公事官。在这场政治斗争中，正气终得以伸张。

效法前贤

真德秀与欧阳修一样，虽然出朝，但对国事时时关心，时时思考。“有关于宗社之安危，国家之休戚，职有常守，在臣虽不当言而其义则有可言者。”他援引欧阳修自禁林出漕河北、上疏论兵的故事，以为榜样，“士不忘身不为忠，言不逆耳不为谏。”嘉定九年十二月十二日上《江东奏论边事状》：“女真叛辽，在政和之四年；其灭辽也，在宣和之七年。今天下之势，无以异于政、宣之时。”他论政、宣致祸有十失：一是蔡京、王黻蛊上心；二是童贯、高俅坏军政；三是简忽天变；四是以言为讳，论水灾者贬谪，谏花石者屏斥；五是老成鸿硕，不以奸党废，则以邪佞斥；六是台省馆殿，非奴事阉尹，即翼附权臣之人；七是小人专为蒙蔽以欺上听，寇至不知；八是小人专务聚敛，以摇根本，改盐钞法，征收免夫钱，而诸路骚动，民不聊生；九是授任非材，使金人知中国无人而异志；十是敌国予取予求，我顺承其无厌之欲。他又奏：陛下“忧勤恭俭，无愧仁祖之风，而群臣盘乐怠傲，乃有宣和之习。”“臣恐后之视今，犹今视昔也。”他说：“三数年来，谋国者不深惟长算，遂有三误：一是乃使大宋臣子拜仇敌于祖宗殿廷之下；二是岁币不给是正确的，但不正其词，以‘漕渠乾涸’为推托，使敌国得以督责；三是边民赤子穷而归，应予安抚，但疆吏拒退，甚至视为盗贼，杀之焚之，使边民绝还中原之望。”真德秀说：“积此三误，而吾国之威灵气焰索然矣。”“误于前者不可悔，而应于后者犹可为，所愿朝廷毋再误矣。”“中外有司忠诚愤激者少，委靡颓惰者多，一闻赤白囊（指古代递送紧急情报的文书袋）至，则相顾失色，不知所为，少定则又帖然矣……此臣之所以大惧也。”他请朝廷“宣‘十失’必当惩，近日之‘三误’必当戒，庸人之论必当破，自疆之计必当立。至诚一心对越上帝，广谋兼聪曲尽下情，以收天人之心，以合中外之助，庶天下事犹有可为者。若或上下悠悠养成深患，机会浸失，事变日殊，臣实未知其所终也。”

贡院是科举考试的场所，当时江东贡院低矮狭窄，很不严肃。真德秀到任之初，就想新建贡院。当年因忙于救灾，无暇动工，次年三月二十五日开工兴建，七月十五日竣工。贡院背负蜿蜒如龙的钟山，清溪环流，诗情画意的秦淮河旁注。修廊绳直，表里相望，考舍数百间，公堂、监试、考试、封弥、誊录等处所齐全。兴建时，有蛇蜒如蜥蜴，隐见不常，有人说，这是秦淮小龙。贡院建成后的第二年，江东科举即取得优异的成绩，转运司试陈埙为省元，次年，为廷试第一。建康吴潜当年为廷试状元。后

来，真德秀在泉州撰写了《泉州贡院举梁八咏》，追忆起江东建贡院这一盛事，诗说：“棘闱曾辟大江东，唤起秦淮两蛰龙。”

嘉定九年冬天，真德秀接到任命，以右文殿修撰知泉州。右文殿修撰是贴职官，为非侍从官文臣外任所带的职名，系由直阁步入亲近皇帝的高级官员侍从的桥梁。知泉州，是知泉州事的省称，是实职，掌教化百姓、劝课农桑、旌别孝悌、奉行法令、举行祀典、考察属员、赈济灾伤以及赋役、钱谷、狱讼等事。

真德秀非常推崇圣贤君子，尊贤亲贤，这是出于两个方面的考虑。一是真德秀深知，所处的时代士风败坏，是非不明，功利心严重，容悦取宠，信仰缺失，道德滑坡，他对此忧心忡忡。他希望通过推崇“以天下国家为念”而德才兼备的贤能之人，推崇有刚直不阿特殊品格的贤能之人，推崇有见识有度量的贤能之人，来推动世风的改变，推动人格的养成，医治社会病态，改革社会弊端。二是真德秀认为，青年人都有很强的学习和模仿能力，需要引导，需要有堪为楷模的贤者作为榜样，推崇圣贤君子，可以让学子见贤思齐。

嘉定七年，上元（今属南京）主簿危和请于帅守刘榘，要扩建整修明道先生书院。真德秀当时刚接到江东转运副使的任命，对此很高兴，即捐钱30万、粟20斛以相助。明道先生即程颢，与其弟程颐世称“二程”。二人创建的学术为“洛学”，是北宋时期影响最大、最典型的理学形态和派别，对朱熹学术影响最深刻。程颢是真德秀的祖师爷，真德秀能为此贤者修葺祠堂，很是欢愉，不仅捐资，而且欣然写下《明道先生书堂记》，盛赞“天理”两字对儒学的重大贡献。

真德秀在江东转运副使任上，于嘉定九年二月初四，在官邸筹思堂特建一室，安放范纯仁遗像。范纯仁是北宋著名政治家、文学家范仲淹的次子。范纯仁从理学家胡瑗、孙复学习，他与其父一样，以“忠恕”为本，以“责人之心责己，恕己之心恕人”告诫弟子。宋治平元年（1064年），任江东转运判官。此举表达了真德秀尊贤尚德的心迹，但他还感到规模简陋，气象卑狭，有负先贤。夏田收获、赈灾结束后，他立即动手建范忠宣公祠堂。五月建成，范纯仁立朝的风采凛然在目。

嘉定九年五月，新建范忠宣公祠堂落成，祭祀前一日，真德秀斋沐更衣撰写《范忠宣公祝文》，委官到祠摆祭。当日，真德秀率僚属穿戴整齐，列队到范忠宣公祠。真德秀上香，谨读祝文。其后，鼓乐齐鸣，参祭人员行礼如仪，以表高山仰止之意，以此教育僚属，毋忘范公明训。

刘忠肃祠供奉刘珙。刘珙是抗金名将刘韐之孙、抗金名将刘子羽之子、朱熹好友。他曾知建康府兼江南东路安抚使兼行宫留守，是江东的老长官。刘珙与真德秀虽阴阳相隔，但心灵相通。真德秀到祠告辞，恭读了祝文，情见乎辞。真德秀这篇祝文记叙了刘珙在江东救灾的功绩，也记载了他以刘珙救灾精神为训。他们二人都属建宁府，所以他说要自励，上不忘师训，下不辱乡评。

抚慰海商，整饬军备

真德秀一路奔波，于五月始到泉州任所。

泉州又名温陵、清源、刺桐，濒临东海。唐嗣圣元年（684年），开始立州建制，名曰武荣州。景云二年（711年），以城北有泉山改称泉州。晚唐五代，这里环城种植树皮青色、干上有刺的刺桐树。夏天，树冠缀满鹦鹉似的红花，远望仿佛是一树火。后遂以刺桐城闻名于世。

宋代官吏任职地方之初和离任时，都要拜谒先圣前贤之祠庙，成为惯例，其意是为昭明诚敬之心，祈求阴佑，使其施行惠政，泽润一方百姓。真德秀到任后，遍谒诸庙及先贤祠，昭告其诚敬之心。

真德秀每到一地都要拜贤、访贤。嘉定十年（1217年）五月，他一到泉州即向当地父老询问弊政，又问前代州县官中有没有贤而可师的人，父老都说原永春知县黄瑀是贤者，他去任后60年，后来者都不及他。

黄瑀（1109—1168）是朱熹女婿黄榦之父，于绍兴二十四年（1154年）知永春县。朱熹担任同安主簿期间，曾专门到永春拜访黄瑀，见他正危坐堂上，批阅学宫弟子课程，庭中阒然无声。黄瑀官至江东转运副使，知漳州。真德秀得知后，即查访黄瑀的经历和事迹。不久访到朱熹为黄瑀撰的墓志铭，读后深为感动。为使黄瑀名垂千古，以慰百姓无穷之思，并与同僚共勉，他交代永春县令重修黄瑀祠，又向黄瑀的儿子黄榦征得黄瑀的遗像，悬挂祠内。真德秀还撰写《永春大夫御史黄公祠记》，深切表达其敬仰之情。

奉祀先贤是古代德育的重要方式之一，是进行思想教育的一种手段和形式，以圣贤大儒的道德人品来陶冶人们的品德，通过这种纪念性的拜谒仪式，可以教育人们“明理做事，执礼做人”。

真德秀到泉州任职前，吏治腐败。“环瞻郡邑间，大半皆污事。”滥刑枉法，科罚取财，行贿受贿熏染成风；输币媚金，武备久弛；民穷盗起，皆激于奸贪之吏；寺院田户、官田公田都被大家巨室侵占；富商大贾，囤积居奇。

泉州以番船为经济命脉，对朝廷来说是裕国之本。但庆元以后的泉州，地方官吏（包括南外宗正司）对海商的盘剥，无所不用其极。官府假“和买”之名刮取舶货，甚至不给货款。重征、强买、干没，对番船肆意掠夺，严重地损害了泉州港的声誉。加上南宋中后期海盗猖獗，沿海之民和商旅深受其害，严重影响海上贸易。一年进入泉州港的番船从原来的30多艘减为三四艘，舶税收入从每年八九十万缗下降到仅十多万缗。

要振兴泉州港，就必须整顿吏治。真德秀将诸葛亮“开诚心、布公道、集众思、广忠益”12字雕刻在木板上，并作跋语，阐述诸葛亮的平生功业，悬挂在思贤堂的明显位置，以劝勉僚属。又着手整顿市舶司，革除积弊，采取有利于海上贸易往来的经济措施，严诫官吏，未经批准，不得擅自购买舶货，狠刹重征勒索之风。对于那些长期肆意侵吞外商财物、影响海外贸易的官吏，给予严厉的惩治。

市舶司的职责是“以徕远人，通远物”。没有番客的到来，海外商业活动就不可能进行。真德秀尊重并礼遇番商，处处保护他们的正当利益，对“贾胡之衔冤苦抚膺啜泣者”深表同情，秉公执法，为他们分忧解愁。

宋代对舶商的到来有“犒设”制度，就是支应官钱，备办宴

席，招待舶商，以致慰问之意。海上通道作为通商的生命线，安全至关重要。安全通航是海外贸易的前提和基础。南宋初年海盗屡行，嘉定十一年（1218年）夏尤为猖獗，四月二十九日，海贼王子清、赵希却以大舟舰、千人之众劫晋江县围头湾，距州仅百余里，形势危急。真德秀虽是一介书生，但有军事家的谋略，对剿灭海盗进行了周密的谋划。

当时，泉州海疆守军为左翼军，不属州官节制，捕寇是左翼军之事，州只能发文督责，但真德秀以海上交通安全为重，不为塞责，做官样文章，而是急切地发牒左翼军遣发官兵，并亲笔致函，再三勉励，应允如能捕获贼首及其徒党，除优支赏犒外，还保证申报朝廷，补授官资。出军之时，开展拥军活动，州给以粮饷，犒以酒肉，日接于道，官兵莫不思奋，奋力捕盗。

真德秀刚到任，看到军备松弛，为防患未然，他即遍访寓公士人，商议讨捕之策，听说沿江各处港湾民兵可用，而以同安管下烈屿尤为突出。烈屿首领方知刚、林枋等均系士流，以信义服众。王子清等贼首曾在漳州海界浯屿放火杀人，与烈屿仅一望之遥。方知刚等团结丁壮，排布矢石，控扼海岸，不久贼船果到本屿，见其有备，不敢辄犯，一境生灵赖以获全。

当贼犯州境时，为配合左翼军，真德秀决定动用这些民兵，请乡官前去劝谕，方知刚、林枋果然响应。共获得400名民兵、32条船，与官军互为犄角，军民协力，于五月十三日，在漳州沙淘洋打败海贼，获大舟4艘，擒赵希却等贼首6人。王子清逃走，不久为台州杜门巡检抓获。旬月之间，就使海道顿清。

拨发官进勇副尉王大寿力战无援，与队将秦淮等6人战死，真德秀亲自作文奠祭，在教场诛杀海贼。贼首赵希却自称是赵宋王朝的宗室，是直徽猷阁赵子游之孙，欲仗势以获释。真德秀听后更加愤怒：宗室之后竟为盗首，严惩不贷！立毙赵希却于杖下。

真德秀不负许诺，贼平后，即上奏，官民一体，有功并论，为有功之官兵、民兵请赏。八月初三，枢密院省札付泉州，准真德秀奏请。

十月二十二日，朝廷因真德秀平贼措置有方，朝夕尽瘁，特转一官。十月，真德秀上《辞转官状》说，讨捕海盗职当所在，幸能成功，能免责，何敢言功，恳切谦辞。十一月初一，圣旨不允。

真德秀深谋远虑。他认为海盗虽平，但如果不加强海防，必有后患。为了久安之计，须有坚如磐石的海防。十一月，他委派观察推官李方子、知晋江县徐叔用、左翼军副将邱仝等，审视沿海军事形势。

李方子与真德秀亦师亦友。李氏家族李闳祖、李相祖、李壮祖、李方子、李文子皆是朱熹学生，李方子是朱熹武夷精舍的门人。

嘉定八年，李方子在江东协助真德秀抗旱救灾，后被宰相史弥远视为真德秀党徒，遭到罢黜。他返归田里，讲论学问，学者云集，其后调泉州观察推官。适真德秀来守泉州，称李方子“学邃气平，本经述，明世用”，以师友礼相待，暇则辩论经训，至夜分不倦。李方子在泉州，撰《清源文集》40卷，嘉定十一年十月二十六日，真德秀为此书作序说：“为此邦之吏者不可无此书。”

真德秀根据李方子等僚属视察沿海的报告，斟酌各人所言，认真分析研究。针对沿海武备的弊端，十一月，他疾书《申枢密院措置沿海事宜状》十事，提出创修沿海诸砦、增建新砦、兵力调整、增备兵船、增修军舍、训练水军、严肃军纪、严定海道、防区巡逻，并规定寨兵可以预发一个月俸钱等一系列可行的措施。这些措施洞察之微、方法之多、规划之细，得到朝廷认可，并获祠牒以赡工役之费。其后，真德秀悉心督促措置，法石、永宁二寨添展完备，宝盖、新寨落成，增屯舟师、分拨战舰、恢复训练旧制、制定巡逻界线各有条理。

经他综合治理，成效显著。当年到达泉州的番船从三四艘增加到18艘，第二年增加到24艘，第三年达到36艘，泉州港恢复一派繁荣景象。

江西任上

嘉定十二年（1219年）七月初四，朝廷任命真德秀为集英殿修撰、知隆兴府，江西安抚。隆兴知府与泉州知军虽是平级，但集英殿修撰是贴职九资中最高一等。特别是任他为江西安抚，安抚总一路兵政，称作帅司。以知府兼充，要太中大夫以上，或曾历侍从才能被授予这个官职。真德秀接到任命后，即写上《辞集英殿修撰知隆兴状》。他认为“惧难胜任”“未敢祗受”。八月二十一日，圣旨不允，真德秀只好愧受。

离开泉州之时，真德秀到先圣庙、忠孝祠等告辞，还与同僚李方子告别，问他自己在泉州有何得失。李方子郑重地告诉他：

“君为政三年，其可以无愧者：尽己之忠，与不息之诚是已。”他对李方子的话很有体会，在嘉定十三年（1220年）五月所作的《送汤仲能之官繁昌序》中说：“居官临人，要必以二者为本，盖一毫不自尽，不足以言忠；一念不相续，不足言诚。”就是说，为政有一毫没尽力，不能说是忠；想做的事、该做的事，不能坚持做到底，不能说是诚。

真德秀要离开了，泉州出现一派感人的景象。外国商人不约而同争先拥到州衙和街道，以“大炮”（大的香）挂在州门燃起，整个府门飘满香气，他们边流泪，边祝福相送。

真德秀的学生刘克庄得到真德秀帅江西的消息，一连写下8首七绝，诗题为《送真舍人帅江西八首》。其中第二首称：

闻道泉人截镫留，翰林从此去吾州。

林中父老相持泣，但祝今侯似故侯。

这首诗写出普通百姓截道相留真德秀、持泪相送的情景，他们多么盼望接任的长官能与真德秀一样，急百姓之所急，想百姓之所想呀！

江西，在中国东南部，因赣江纵横全境，简称赣。真德秀任知府的隆兴，在江西省北部、赣江下游，东北临鄱阳湖。治所在南昌，南昌之名始于此，寓“南疆昌大，南方昌盛”之意。其先后为江州、洪州的治所，直到隆兴元年（1163年），以年号将洪州升为隆兴府，始有隆兴之名。

真德秀在嘉定十三年正月初一以前到达隆兴。真德秀一到隆兴，就打听里巷中存在的利弊、农村中存在的疾苦。如他自己的话说：“朝夕访问，不敢一日忘”。经过两个月深入的调查，他在郊外召集父老进行劝谕。他说，劝农而不知去害农之处，只是一纸空文。他指出当前存在三个方面害农之处：一是不时征发平民的财物和劳役；二是无缘无故追扰平民；三是夏秋租税已经缴纳，而又重征。又说，自己已制定了十条禁令约束害农行为，并再三叮咛官吏："自今以往盗贼之殃汝，吾为汝除之；豪猾之侵汝，吾为汝戢之。一害尚存，太守断不敢自安，使尔农有愁叹之苦。"这种感人肺腑的竭诚之言，让一个心系苍生的高尚形象树立在人们面前，父老们听后对这位太守由衷敬佩。

真德秀同时劝谕百姓"亦宜尽力以务本，谨身以节用。与其怠惰而饥寒，何如勤苦而温饱；与其奢侈而困穷，何如俭约而丰足。有子弟当教之以教义，有妇女当课之以蚕织。兄弟宗族恩义至重，不可以小利致争；乡党邻里缓急相须，不可以小忿兴讼。喜争斗者杀身之本，乐词讼者破家之基。赌博乃偷盗之媒，耽酒是丧身之渐。凡此数种为害至深，此必致祸败"，希望父老将他的这些话遍传，互相劝勉。他劝谕百姓的语言，言简意赅，晓白动听，意义深远。

真德秀对金兵时时心怀忧惕。他到江西后，非常重视治兵之事。但当时很多官吏对此麻木不仁，认为江西是内地，可凭借宽阔的滔滔长江天险；说及武备，就讥笑地说"不必多虑"；说到长江江面的事，就说他过忧；缮治城堞，则说不必徒费；督责将佐，就说不要多事。真德秀有清醒的认识，他认为任帅职，当以治兵为先，而帅江右者，尤其应当以治兵为急务。

边有外患，内有盗扰，而官吏中又存在麻痹思想。鉴于此，真德秀上《江西奏便民五事状》，以治兵选将缮城弭盗为请，其间有关本道利害，而事势有关他道亦有涉及。第一，针对外有敌国之虞、内有盗贼之警、沿边之戍既未可抽回、郡之兵又不足的情况，提出将禁军中强壮者另组为营，稍增其额，加强训练、考核，练成精勇，并请推行到八路。第二，请朝廷下诏，江州都统司及本州守臣同任江西之责，补充人、船缺少之数。抽调江州水军行船3/10分屯兴国之富池等处，抽调鄂州水军3/10屯武昌县。第三，提出隆兴城堞修缮方案。砌城面以防渗漏，作叶沟以通水道，用夜叉木以壮城骨。因工费浩大，请求借用若干原本府拨给抚司的桩管银，用以买砖石竹木等物及雇募民工，以后将本府收到的诸色窠名钱厉行节约后给予拨还。第四，针对将不知兵、不习军务的情况，请求朝廷严加选择，总管路钤，宜于环卫及统制中选其尝历战阵者为之，州钤将副则取统领以下知兵事者为之。第五，通广盐于赣州、南安军，以消除赣盐子之害。

这年六月，母吴氏卒，真德秀丁忧归故里，《江西奏便民五事状》未及上。

但此奏有先见之明，充分表明了真德秀的军事才能及战略眼光。次年，即嘉定十四年（1221年）三月，果真发生了宋金战争中最大的一次战役，金兵向蕲州、黄州进攻。三月初三，金人十万攻陷黄州。

金兵过后，内乱又生，南安盗起，朝廷竭尽国力征讨，数年才平定。

金兵入侵，南安盗发，都是真德秀那篇奏折中所告诫的，真是料事如神。可惜的是因丁忧去事，奏章未上。真德秀在隆兴开府仅数月，想做的事都来不及做，是有遗恨的。

著述故里

真德秀丁忧在家，有两年多的时间。

从政期间，真德秀日理万机；忧居之时，有了闲暇时光，他以读圣贤书、探究朱子学术为要务，开展真正的学术实践活动。

他的家乡迁阳是个文人荟萃之地，嘉定十四年（1221年）六月，西山精舍建成后，他每天与詹体仁、黄叔通、徐凤等亲长朋友切磋学问。

嘉定十五年（1222年）二月初十春社的第二天，真德秀邀请乡里尊老13人会于西山精舍，看到他们悠然乡里、庞眉皓首、奕奕相照，经过风雨洗礼的真德秀心里，感悟到宦海沉浮难料、世

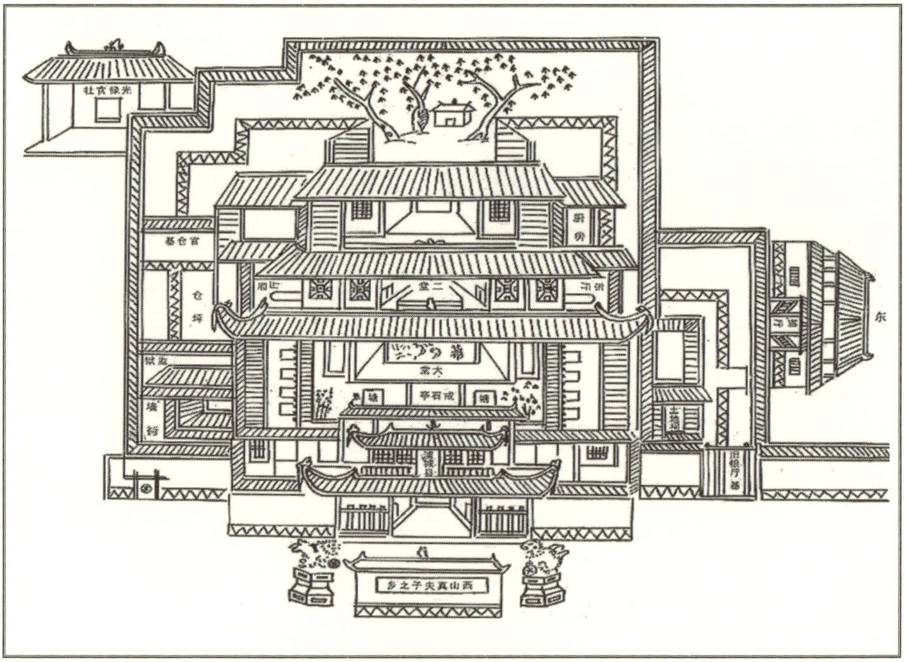

浦城县治图

事变幻莫测。想起自己碌碌从政，在官场夹缝中为国为民办事，一腔忠耿，却多受压抑。他对仕途颇为淡薄，向各位表示异日早退之约，回归山林养性、读书、著述、讲学，传播朱子学术，过平实的生活。他当场写下一首诗表达对耆老的敬意和心迹：

耆年自是国之珍，何间衣冠与隐沦。
华发共成千一岁，清樽相对十三人。
休谈洛社遗风旧，且颂仙游庆事新。
三径未荒宜早退，要将寿栎伴庄椿。

这年五月，真德秀又在西山精舍的池上修了一亭，称为睦亭。远道而来的士子拜其门下，他与门人刘克庄、汤汉、徐华老一起在此读书、讲习、讨论。

真德秀在迁阳还有两个读书、讲学处。一是百丈山。山上有灵泽殿，真德秀还写有《百丈山灵泽殿迎神送神词》。二是他的故里迁阳的油果山。宋代道人周霞在此隐居。真德秀对周霞很敬重。嘉定五年（1212年），他特请参知政事楼钥，作《冲应周真人祠记》。绍定元年（1228年），真德秀又请友人黄洪书写，建安余焕刻石，知观

刻有《冲应周真人祠记》的太湖石

事周道珍立石。此文刻在一块太湖石上。此碑历经风雨，奇迹般地保存至今，成为罕见的镇山之宝。

真德秀、楼钥所撰《冲应周真人祠记》

这次在家乡，他开始编纂《读书记》。《读书记》又名《西山读书记》，分甲、乙、丙、丁四集，甲、丁成书，乙集上卷即被君王奉为圭宝的名著《大学衍义》，乙集下卷未及缮写。丙集缺。甲集自论天命之性至论鬼神，各分标目，前有纲目一篇，具详论次先后之旨。乙集记虞夏以来名臣贤相事业，略仿编年之体。前亦有纲目一篇，谓讫于五代，而书中至唐李德裕而止，这也是未完成之作。丁集上卷皆论出处大义，下卷分处贫贱，处患难、处生死、安义命、审重轻诸目，与上卷相发明。《四库全书总目》卷九十二对此评价很高，称此书“自身心性命、天地五行，以及先儒授受源流，无不胪析。名言绪论，征引极多，皆有裨于研究。至于致治之法，《衍义》所未及详者，则于乙记中备著其事。古今兴衰治忽之故，亦犁然可睹。在宋儒诸书之中，可谓有实际者矣。”

《读书记》始撰于真德秀丁忧在浦城的嘉定十五年。真德秀所作《跋吴仲坚史论》末尾载，“岁壬午孟秋十日，某书以勉之。”此跋还有这样一段文字：“余端忧多暇，因疏古今兴亡事数十条于《读书记》，将与儿侄辈讲论其所以然。”但此书到他去世这年（端平二年，1235年）还没完成，前后用了13年，真是十年磨一书了。

嘉定十四年（1221年）六月十三日，朝廷立贵和为皇子，改赐名竑。竑是沂王，即宁宗兄弟赵柄继嗣。嘉定四年（1211年），真德秀曾兼沂王府小学教授，贵和是真德秀的学生。八月，远在家乡的真德秀看到立贵和为皇子的诏书，即写下《上皇子书》，除祝贺之语外，还勉励他：“两宫所以畀付国公（指皇子），与夫天下军民之期于国公者，盖甚重而弗轻矣。自今而后，学问必益进于前，德业必益充于前，然后足以厌天人之心，塞中外之望。国公其不可不深勉乎此也。”劝勉他要以“诚”为之道，要做到诚，须从“无妄”“不欺”“悠久不息”三方面用力，并解释说：“何谓无妄？纯于真实而不杂以虚伪是也。何谓不欺？戒谨其所不睹，恐惧其所不闻是也。何谓不息？始终唯一，时乃日新也。此三者有一之未至焉，则去诚远矣。”其后详述具体怎样能达到诚的境界。真德秀最后说：范仲淹在丁忧中上书数千言，识者以为范仲淹平生所蕴的学问尽在此。自己不材，不敢妄学前哲，自丁忧以来，屏居山林，时事一不挂口，独念在王府时最受恩惠，以平生在师友中得到心得，献千虑之一得给皇子。《上皇子书》没有丝毫献媚之言，而是因皇子“一身之福，

实宗社元元（百姓）之福”，而劝勉、开导皇子要审处自处，表现了真德秀忠君爱国的情怀。

此封书信，将诚的三方面——无妄、不欺、悠久不息等哲学概念具体化，且有针对性，对当时帝王沉醉于声色、沉溺于谄谀之风，以及萎靡不振的士风，无疑是清醒剂，使其不受外部事物的引诱和影响，将精力集中在道德的修养和践履上。

嘉定十五年五月初十，皇子竑为检校少保，进封济国公。真德秀又给皇子上书。对皇子又被封为济国公，他不仅坐立不安，更有“隐忧”。他说，他的忧虑不是“过计”，“千金之家有子必教，苟受其托，犹思无负，况帝子乎？宗社之所关，系君相之所倚望，中外之所倾属，此岂细事？其事巨，故其责重，其责重，故其忧深。某职思其忧者也，宁也愚衷以干冒犯之诛，不忍循然以诒旷瘝。”真德秀真是寸心诚切，他经过深思熟虑，希望皇子躬行三事：一是尽孝敬，二是勤学问，第三是辩淑慝。似乎第三点他最忧虑的，文字最长。辩淑慝，就是辨正邪。他说：“古者世子之生也，师傅明孝仁礼义，以道习之，逐出邪人，不使见恶行，盖欲其见正事，闻正言，行正道也。”他规劝皇子“鉴一暴十寒之失，袪羽冠侧媚之惑，息仙书荒忽之蔽”，要“持此定力，养此圣功”。他坦言：“爱皇子之深而望皇子之切也。”他还说，自己不能尸位素餐。也许有人说他所说的这些真心朴实的话是迂腐、不合时宜，但他的忠心是揭发别人的阴谋。如果皇子听了这些话，自己可以弃官而去。真可谓剖心之言。

真德秀在浦城期间，许多学者、弟子来访，并请他作序、作跋、作铭、作墓志。

九月初六，朝廷下诏真德秀任宝谟阁待制知潭州、湖南安抚使。他在江西的贴职是集英殿修撰，这次升到待制，是侍从官，从四品。诏令中，要求建宁府差拨兵士30人护送，疾速直接前往潭州，不要到京述职，任满时再到京城奏事。真德秀接到任命后，即上《辞宝谟阁待制知潭州状》，谦称“长沙较豫章事任尤为繁重”，学识才能不足任。十月初一，圣旨不允，要他疾速出发。十月二十七日，他又上《再辞待制状》，圣旨还是不允。

“四事十害”谕僚属

皇命难违，真德秀赴任了。

真德秀于嘉定十六年（1223年）正月初一前到达潭州（今湖南长沙）。

湖南文化深厚，经济亦曾辉煌。真德秀到任，查阅地方谱志，感叹地说：“昔虽号于富饶，问欲观风，今实多于愁叹。”真德秀遍谒潭州的祠庙，诵青词，表达心曲。《潭州上元建醮青词》中，在神明面前“自誓”，“苟民瘼之未纾，若拯焚溺，期少伸于志，愿以无负于选抡”。在《湘春堂建醮青词》中说：“九郡之戚休，皆是一身之举……誓竭公勤之素志，迄成惠利于此方。”真德秀在湖南的所为确不负此誓。

真德秀非常重视吏治，特别对县令进行教育。他一上任，就将潭州12个县令召集起来进行训导，还写了一首《会长沙十二县宰》诗勉励他们：

从来守令与斯民，都是同胞一样亲。
岂有脂膏供尔禄，不思痛痒切吾身。
此邦只似唐时古，我辈当如汉吏循。

今夕湘春一卮酒，直烦散作十分春。

真德秀在此诗中说是百姓养育你们，要做遵理守法的官员，亲民、爱民，给百姓带来春天般的温暖。

他到达潭州后朝夕戒惧，“以仰答朝廷之恩，俯慰士民之望”。经过考察，撰写了《潭州谕同官咨目》，提出“四事”和“十害”。以凝练的语言表明他为政为官的行为准则，虽短小精悍，却博大精深，颇具意义。

“四事”是“律己以廉，抚民以仁，存心以公，莅事以勤”。

真德秀说：“凡名士大夫者，万分廉洁止是小善，一点贪汙便为大恶。不廉之吏如蒙不洁，虽有他美莫能自赎，故此以为四事之首。”他最看重廉，在《楮衾铭》中说：“忲心一开，其流曷已。兽攫狼吞，实自兹始。故曰：俭者廉之本，廉者行之先。”真德秀是廉洁的典范，时人称他是“清白吏”。刘克庄在《真公行状》中说：“江东二年，凡下车例册及台阃戎司之馈，以至太夫人诞日，诸司所奉寿礼，皆不入私囊，专储之以助赈施。”

“抚民以仁”，照他的话说是：“为政者当体天地生万物之心，有一毫之惨刻，非仁也，有一毫之忿疾，亦非仁也。”

“存心以公”，一个人在“公”字上立住了，就会自然直而正。真德秀在他第二次知泉州时谕州县官时说：“以公心持公道，而不汩于私情，不挠于私请。”他强调官员的私欲、私请、私意会危害公心，影响执政公允，因而力主去私。他说：“公生明，私意一萌，则是非易位。”要求居官者一定要做到绝对公正，即处理政务要不偏不倚。

“莅事以勤”是为官态度。他说：“当官者一日不勤，下必有受其弊者。古之圣贤，犹且日昃不食，坐以待旦，况其余乎？今之世，有勤于吏事者，反以鄙俗目之，而诗酒游宴，则谓之风流娴雅，此政之所以多疵，民之所以受害也。不可不戒。”他还在《政经》中说：“所受者朝廷之爵位，所享者下民之脂膏，一或不勤，则职业隳地，岂不上辜朝寄，而下负民望乎？”在勤于政事方面，真德秀处处身先士卒，在这一点无论他是任京官，还是任地方官，都获得人人赞颂，无可非议。

真德秀所说的“十害”是“断狱不公、听讼不审、淹延囚系、惨酷用刑、汎滥追呼、招引告讦、重叠催税、科罚取财、纵吏下乡、低价买物”。这十害集中反映了当时政事的弊端，揭露了政治的腐败、官吏的贪横。他痛指十害中，涉及刑狱就有断狱不公、听讼不审、淹延囚系、惨酷用刑、汎滥追呼、招引告讦等六害。说到断狱不公时，他认为“狱者，民之大命，岂可小有私曲”，“讼有实有虚，听之不审则实者反虚，虚者反实矣”。这是绝不能草率的。他说：“一夫在囚，举室废业，囹圄之苦，度日如岁。”对此他很是同情。他说对囚犯不能滞留、延期，对案件要及时决断。他反对使用酷刑，“刑者不获，已而用人之体肤，即己之体肤也，何忍以惨酷加之乎？今为吏者，好以喜怒用刑，甚者或以关节用刑，殊不思刑者国之典，所以代天纠罪，岂官吏逞忿行私者乎？不可不戒。”对“汎滥追呼”这一害，他是这样说的：“一夫被追，举室皇忧，有特引之需，有出官之费，贫者不免举债，甚者至于破家，其可汎滥乎？”充满对百姓的关怀。他对“招引告讦”十分恼怒，说：“告讦乃败俗乱化之源。

有犯者，自当痛惩，何可勾引？今官司有受人实封状与出榜召人告首阴私罪犯，皆系非法不可为。”

真德秀重视平赋税、禁苛扰。平赋税即要严禁“重叠催税”。他说：“税出于田，一岁一收，可使一税至再税乎？有税而不输，此民户之罪也。输已而复责以输，是谁之罪乎？”他指出：“今之州县，盖有已纳而钞不给，或钞虽给而籍不销，再追至官，呈钞乃免，不胜其扰矣。甚至有钞不理，必重纳而后已。破家荡产，鬻妻卖子往往由之。有仁者岂忍为此？”

要平赋税，还要严禁科罚取财。他说：“民间自二税合输之外，一毫不当妄取。今县道有行科罚之政，与夫非法科敛者，皆民之深害也，不可不革。”

禁苛扰，他主要反对“纵吏下乡”“低价买物”的扰民行为。当时“乡书等人每遇乡民收割，则至乡村乞麦乞谷。尉司弓手有因捕盗而多带家丁，扰害乡村人户”的现象普遍，为害甚烈。他说：“乡村小民畏吏如虎，纵吏下乡，犹纵虎出柙也。弓手士兵尤当禁戢，自非捕盗，皆不可差出。”针对官府普遍存在的低价买物现象，他指出：“物同则价同，岂有公私之异。今州县有所谓市令司者，又有所谓行户者，每官司敷买，视市值率减十之二三，或不即还，甚至白著，民户何以堪此？”

真德秀指陈政弊是那么坦诚、那么痛切，在当时官员中真是难能可贵。

这篇谕文一出，就得到四方赞赏。真德秀的学生王迈当时是真德秀的僚属，任潭州观察推官，即作《四事箴》，贴在府堂壁上，与同僚共警。真德秀的老师陈宓看到后，复书王迈，真德秀为之作《跋陈复斋为王实之书〈四事箴〉》中说：“实之之箴，明厉峻切，读者已知悚畏，复斋之字，森严清劲，见者便如端人正士之在前，尤当凛然兴敬也。”演绎了三代师徒友谊的一段佳话。

真德秀要官员依“四事”自勉，而为民除其“十害”，当然对百姓也要布宣德化，启迪人心。真德秀作《潭州谕俗文》，遍榜各处。这篇谕俗三事，文字通俗，晓明易懂。

一、古者教民要以孝悌为本，其制刑也亦以不孝不悌为先……。今民间有孝行纯至友爱著闻者，采访得实，具申本州，当与优加旌赏，以为风俗之劝，或其间有昧于礼法之人，为不孝不悌之行，乡里父老其以太守之言，曲加诲谕，令其悛改。

二、古人以“宗族之思百世不绝……，邻里乡党虽比宗族为疏，然其有无相资，缓急相倚，患难相救，疾病相扶，情义所关，亦为甚重……。今请逐处老成贤德之士，交相勤率，崇宗族之爱，厚邻里之欢，时节往来，恩义浃洽。小小乖忤，务相涵容，不必轻启讼端，以致结成怨隙。”

三、官之与民谊同一家，休戚利害，合相体恤。为有司者，不当以非法扰民；为百姓者，亦不当非理扰官。……

已转牒州县官，各以四事自勉，而为民除其十害。……十者有无所未详知，万一有之，当如拯溺救焚，不俟终日。务令田野安帖，愁叹不生。或民间有公共利病，太守所未及知，许明白具状，前来陈述，但不许匿名实封，讦人私过。言而有理，即当详酌，以次施行。尔民亦宜体太守此心，更相劝戒非法之事勿妄作（如豪强凶横，吞谋贫弱；奸狡诈伪，欺骗良善；教唆

词讼，讬属公事；聚众斗殴，开坊赌博；居停盗贼，屠宰耕牛；沽卖私酒，兴贩禁物。如此之类皆系非法）。无理之讼勿妄为（如事不干己，辄讼行告讦，撰装词，夹带虚实，如此者皆是无理）。或日前所为，未免害义，若能幡然悔悟，去恶从善，如汤沃雪，旧迹都消。人谁无过，改之为贵。

最后他希望“庶几人人循理，家家畏法，田里无追呼之迹，公庭无鞭扑之声，民情熙然，化为乐土，岂不美哉”。

善政垂岳麓

真德秀进入湖南之初，访求民瘼，得知榷酒一事为潭人之害。真德秀进一步详加考订，得知积弊已极，不容不更旧法。真德秀上《潭州奏复税酒状》道：实行官榷，造成酒户失业，犯法者多，及数年，其弊极其严重，到曹彦约到任时，

榷酒，又称榷酤，即实行酒专卖，国家垄断酒业取得酒利，禁止私酿。

官卖额日削月减，幕府相视无策。行榷酒利在官吏，而百姓蒙其害。他算了一笔账，曹彦约行税法，每年净息不下8万余缗，与官榷无大相过，而且不和籴，不抑配，不搜捕。薪水之费、官吏之给皆只占7/10，有一定之息，何乐不为？嘉定十六年五月十六日，朝廷下诏，恢复潭州税酒法，潭人欢呼。真德秀也很高兴，作了长长的《潭州复税酒颂》，“以记其实，俾邦人父老咏歌于无穷”。

嘉定十六年夏天，湖南一路旱情甚广，而潭州为甚，当地多种早稻，富家之所储蓄，百姓之所仰食，唯早稻。早稻受灾，来岁春夏必然缺食。真德秀与民利弊休戚与共，为此灾情寝食几废。他焦急上奏《申朝省借拨和籴米状》，九月初一，奉圣旨令潭州于和籴椿管米内支拨2万石充赈粜。

嘉定十七年（1224年）九月十二日，他召赴行在，就是说真德秀要离开潭州赴京任职了，但对湖南的严重形势，用他自己的话说，“某不敢以将去之故不为力陈”，就是说即使离任还要为湖南生灵犯颜再奏。他在离任之前，上了《申尚书省乞拨和籴米及回籴马谷状》，直到当年十二月十四日，朝廷认可他的申请，准拨和籴米及回籴马谷赈荒。十二月十六日，他才交讫两司印记，离任登途。

真德秀在湖南的另一大惠政是建惠民仓、慈幼庄、社仓。

宋代社会救荒从整体上讲以官方的常平仓、义仓为主导，但南宋以后，常平仓、义仓的运行已不能满足社会救济的正常需求，社会救济有向民间转移的趋向。关心民瘼的真德秀为此焦

心。旱灾之后，他在行政实践中，建立了赈荒救济的长效机制，兴办民间性质的惠民仓、社仓，目的是不收沉重的利息，满足穷民的借贷需要。

嘉定十七年，真德秀在湖南已任职两年，他朝夕疚心，凡惠养民生培固邦本的事都尽力而为。他认为民食一事最关休戚，在奏请设立潭州惠民仓的奏状中说：“春夏之间，郡城居民率苦贵籴，盖其生齿阜蕃，土产有限，全仰客米以济其乏，若邻路与上江岁丰谷贱，转贩者多，仅免阙食。一或不然，则市值骤增，平民下户立见狼狈。常平、义仓之储，本自无几，加以法禁严重，非饥荒已甚之岁，不敢辄请发粜。”他效法张在淳化年间任成都守时所行粜法，将本州秋税米内折粳米，令人户纳本色更不折钱，以嘉定十六年纳列数目合计为5万余石，另外盛贮，名为惠民仓。原本粳米钱是折钱后辅佐郡用的，真德秀不计较折粳为郡计之利，这是良法美意。

建立惠民仓有着重要的意义。一是惠民仓岁岁赈粜，城市百姓自此永无艰食之虞。而固养寓教，又于风化不为无补。二是惠民仓是因为常平仓难以支持，手续繁多，为弥补常平仓的不足而设立的，百姓岁受平籴之惠，又可保全常平仓、义仓之水旱之备。三是常平仓由中央派遣的提举常平管理，惠民仓隶属路转运司，直接为地方官员控制，地方具有更多的支配权。

真德秀又仿照朱熹社仓法，在潭州12个县置社仓100所。

南宋社仓法施行几十年，由于管理者贪侵产生弊端，社仓废弃不少。真德秀汲汲为民，他认为“一方饥馑之备，盖无出社仓之右者”。他节省浮费，以官钱易谷8万石，又得他谷95000余石，并未经批准就径自将应送州人户税谷送输到社仓。再后上《奏置十二县社仓状》，不久即得旨获批。

真德秀所办的社仓，虽仿朱熹社仓法，但也有所不同。一是他考查诸处社仓败坏的原因，是缘于社仓创办之初，多是劝谕士民出本，管理者往往视为己物，官府也听任不管，不加监察，且管理的人无更替之期，必然滋弊。而真德秀所办的社仓，由官府出本，选择佐官分任出纳，乡士的主执者不得独专其权，同时规定两年一替换。二是寻常以搬运米谷下乡为难，现在一乡之间有数仓，每仓储谷数百石，为荒歉之备，免除长途搬运之劳。三是他考虑到社仓贷谷只贷给末等有田之人，而百姓无田者不得参与。他向常平司申请，将当年义米附纳社仓，为赈粜备用。

真德秀居乡之日，每年助钱20万缗，设义廪，其动机有二：一为“示不忘本”，二为帮助那些孤苦无依之人。

真德秀为久远之计，在城则置惠民仓，在各县则广置社仓。但是义米有限，而贫民至多，不能均及。他以居乡之日所为的义廪规约，写了《劝立义廪文》，以劝有力之家，公私一力，共济斯民，使无饥荒流离之害。

真德秀兴办地方储备仓的惠政，得到当时士人的认同和仿效，全国各地出现了形式多样的地方慈善仓储，在赈灾中发挥了积极作用。后来，《武宁田氏希贤庄记》就指出，武宁田德伦兄弟倡建希贤庄，即是仿真德秀义廪而建。

真德秀又创慈幼庄，以及两处义阡。

生活贫困的民众，生儿无力抚养，往往遗弃道路。真德秀设立的慈幼庄，是一个专门收养遗弃儿童的机构。又立两处义阡（即收埋无主尸骸的墓地），并令教诸军习射，月再按试。又拨东西两庄令军中自留。郡捐其租息，凡军营中病死者、死未葬者、孕者、嫁娶者，都给赡助。

真德秀凡利于民者都尽力而为。按旧例，交纳秋苗斛面外，还要加收所谓“捧撮米”的额外负担，日增月益。真德秀将这些增加百姓负担的苛捐全部取消。

真德秀任职前几年，在湖南道州与广西贺州交界处，有一股以苏师军为首的打劫队伍，官军数年征讨不能消灭，最主要的原因是连年灾伤，民为饥所逼铤而走险，从之者众。这支队伍在两路交界处出没无常、行劫民财、杀害人命。若道州有备，则逃逸到广西；若广西有备，则复过道州。真德秀上任后，即为此事宵衣旰食。

对道州这帮打劫之徒如何处理确是两难：不剿，社会不安宁；要剿，胁从者多是饥民，又不忍心。经过深思熟虑，正月十五这天，真德秀上《申枢密院措置收捕道州贼徒状》中，理智地提出剿、恤、谕三条措施。

第一条，请求两路协力共同讨伐。他深知这群盗贼不是政治土匪，不是谋反，是饥民因生活困苦而去打劫。他在镇压中也不忘恤民，第二条，要赈恤饥民，使各安业。道州各县都有饥民，江华最苦。他要道州先委官下到江华县抄札饥贫户口，火急申报到提举司，支拨常平钱米行下赈恤。其他县依次区处。如常平有限，不足均给，即疾速具申帅、漕、宪三司共同具助。第三条，他不主张滥杀，应当进行劝谕，令其散众投降，责令安抚、转运两司具榜下发道州，请疾速差得力人前去散帖招谕。

经过一个多月，贼首被捕，余党相继降附。真德秀最为牵挂的还是饥民、还是恤民。当时有两部分饥民，一是永、道两州因上年早禾方熟，忽伤螟虫；晚禾垂成，水潦暴至，田亩失收而缺食的饥民。二是招谕归来的党徒也是饥民，无所赡给，虽是党徒，也应抚恤。但当时的形势是中产之家亦多饥民，至于百姓则尤其狼狈，饿死道路；疫疠复作，骨肉流离，城市聚落委弃婴孩。其势危急，令真德秀揪心，他即上奏《申尚书省乞拨米赈恤道州饥民》。三月二十四日，圣旨下达，起发襄阳府和籴米12500石充道州赈济，又将潭州于嘉定十四年分见椿和籴米内支拨2500石拨给道州。这场灾难在真德秀的努力下终于平息。

真德秀为湖南百姓做了诸多实事，桩桩件件，百姓心知肚明。当时，潭州百姓为他立生祠，并有诗书于壁间，其辞曰：

举世知公不爱名，湘人苦欲置丹青。
西天又出一活佛，南极添成两寿星。
几百年方钟间气，八千春愿祝修龄。
不须更作生祠记，四海苍生口是铭。

欽崇
大儒

第五章

再赴惊涛 忘身直谏

他是惊涛骇浪中逆流而上的一叶孤舟，他是疾风暴雨中独立支撑的一棵大树，明知圣命难违却秉直而为。勇于担当的天性，被他发挥到了极致。

圣命道道迎难上

嘉定十七年（1224年）闰八月初三，宁宗去世。二月十二日，理宗赵昀即位。这时，史弥远挟拥立之功，专持国权，“弥远欲收众望，劝帝褒表老儒。”九月十二日，朝廷召真德秀赴行在，即到朝廷任职。

行在是行在所的省称。南宋初，东京失守，先后以建康、扬州、会稽、临安为行在所，后固定以临安为南宋行在所。

九月十六日，下达正式任命，任真德秀为中书舍人兼侍读。中书舍人负责为皇帝草拟制诰，正四品官阶，这样，真德秀由从四品升为正四品。侍读，是兼官，侍从皇帝读书。九月十九日，朝廷又下诏，任真德秀为礼部侍郎兼直学士院、兼侍读。礼部侍郎为副职，从三品官阶，真德秀又升了一级。直学士院为兼官。南宋，以翰林学士官高，多不除人，而以直学士院代行其职。后人称他为真直院，就是由此职务而来。两次任命时间接近，真德秀都来不及写辞状，只好为两次任命合并写了一个辞状。状名《辞免礼部侍郎兼直院状》。十一月十二日圣旨不允。同时，理宗下敕，称真德秀是鸿硕，得到先帝的知遇，但自己未得一见，因此，在即位之初，就召其入朝，要真德秀迅速应召，不要留行，真有些望眼欲穿的味道。

但是，真德秀还是上了《再辞免新除状》。此状对理宗所提到的先皇对他知遇之恩回应说，他非常感谢先帝拔擢之恩，是千载一时之遇，倘能尽忠嗣圣，乃是图报先皇，但是自己多病早衰。他还说，在地方十年，为了尽职，力竭而为，忙得颠三倒四，又以旱灾尽瘁。从此状中知道真德秀确实累坏了。而理宗依然如故，十二月十七日降诏不允，同时严肃地说："不得再有陈请。"

圣旨道道，急如星火。真德秀辞状还没到达朝廷时，十一月初十，圣旨又下，任命真德秀兼同修国史、兼实录院同修撰。宋朝十分重视史事、日历的修撰，修史机构国史院与实录院是秘书省的机构。史官任重，任史官者均是天下英俊。朝廷任命真德秀为两院的同修撰，可见真德秀为朝廷所重。真德秀接到任命后，"以荣为惧"，当即写下《辞免修史状》说：史职之重若此，不敢滥厕其中，不敢祗受。

真德秀上了《辞免修史状》后，于十二月十六日，将两司印记交付运判李东，即日离任登途。出发后第三天，即十二月十九日，圣旨下达，驳回他的《辞免修史状》。

真德秀登途赴职时，正值严冬，阴雨连绵，在泥淖中艰辛行走，长幼轮番生病，每到一地都访医疗治，经历40多天的劳顿才抵达信州治所。这时，他向朝廷请假，回家祭扫父母之墓，同时寻医疗病。

在信州到浦城的途中，他屡遭不幸，媳妇流产，女儿病故。真德秀悲忧感触，旧病复作，行步艰辛，饮食顿减，语言少力。到宝庆元年（1225年）二月初十，才颠踬到家，走了将近两个月。回到浦城的第二天，朝廷降旨，给假一个月。在浦城招医疗治，稍有回复。三月初九，假期已满，他又请求延假。三月二十五日，朝廷批准展假半个月。

赤胆忠心肩道义

请假期满后，真德秀迫不得已出发了，在衢州（今属浙江）道上遇到庐陵（治所在今江西吉安）人顾泾，他看到真德秀就说："公之此行，不满百日当归。"

在真德秀进京前，发生一件重要的事件，史称 "湖州之变"（因霅川流经湖州，故也称霅川之变）。

进京途中，真德秀还没获知宝庆元年正月初九"湖州之变"、济王赵竑被迫自缢的消息。真德秀到达范村时，史弥远派左使杨迈来劝真德秀，又派他的亲信告谕真德秀不要评议"湖州之变"，对此真德秀只随口应答而已。

六月初四，真德秀抵达临安。京都百姓听到真德秀回朝的消息，都聚集在街上观看，都把手放额上表示庆幸。真德秀如此受人尊重，史弥远等人对他也更加嫉妒。

理宗刚即位，真德秀希望向理宗灌输理学思想，路上就准备了三札。到京城，就请求入朝奏事。

这三札首论三纲五常是“扶持宇宙之栋干，奠安生民之柱石”；次论求治之安，在收人心，人心所在即天心之所在；三论巩固内外之根本，以“聚正之端士于朝廷，使之尽言补过者，此内固根本之方也。布贤牧良将于方维，使之养民训兵者，此固根本之要也”。

这次奏事未出札子，是先秉笏面谢后，进行口述。真德秀在廷对中直言不讳，“宁以尽言获罪，而不敢不以父事吾君”。“湖州之变”超出理学之士的道德底线，遭到真德秀的极力反对，真德秀在廷对中，公开与理宗进行辩论，公然为济王鸣冤。

理宗有些不高兴，正色说，朝廷待济王仁至义尽了。

真德秀对此毫不苟同，针锋相对地以尧、舜等处理同类事相比，指出理宗不妥之处。

理宗这时感到有些理屈，辩解说是一时仓促。

真德秀也无奈，但希望“湖州之变”昭告天下。

理宗还是有肚量的，听了真德秀这些话，微微有些喜气了。

真德秀对济王的情况是了解的。早在嘉定二年（1209年），真德秀为沂王教授时，就劝告过济王：“皇子若能孝于慈母而敬大臣，则天命归之，否则深可虑也。”真德秀对赵竑悉心教导，他写了一封信给赵竑，最后说：“所以不避亵渎之诛，再伸一喙，冀皇子庶几改之于万一也。不然，某去就之机决矣。”这赵竑最终未改“万一”，真德秀也就辞去沂王教授职务。嘉定十四年，赵竑被立为皇子，明确为接班人了，为了使济王能成为明君。远在家乡浦城的真德秀连上两封《上皇子书》，以厚德

载物、宽以待人相劝。真德秀对这不合格的皇子为什么要“不避诛戮”上奏，其原因是真德秀看清史弥远废竑立昀（后为理宗）的动机，不是为了选贤去不肖，而是别有用心，主要是个人利益所系。

更主要的原因是“湖州之变”违反了人伦，是不仁、不义之举，以亏天地神人之心，真德秀的奏言，“非为亲王计，盖为陛下计也”“丹衷皦然，可质天日”，心底无私坦荡。因此，在至高无上的皇帝面前，可以侃侃而谈，是那么忠诚，有时甚至针锋相对，是那样尖锐。

真德秀读到第二札尾奏：“人心之所在，即天心之所在。”

对这句话，理宗是理解的，他说：“天视自我民视，天听自我民听即此。”

真德秀的第三札，主要是推荐人才。

真德秀奏：“朝廷之上，不可无华发旧德之臣，不独人主赖老成之益，朝列新进之士亦得有所矜式。”

理宗答曰：“贤者在朝，所益非浅。”

真德秀即推荐傅伯成、杨简、柴中行三人置于朝廷，特赐顾问。

真德秀这次廷对，效果是很好的，理宗最后说：“卿所陈三札，皆忠谠之论，当即为施行。”

这次廷对后，真德秀又写奏章《论初政四事》。七月十四日，真德秀轮当经筵进读《三朝宝训》，就结合《论初政四事》进行展读。这次轮对情况真德秀撰有《得圣语申后省状》，记载君臣之间的交流。

《三朝宝训》是记载太祖、太宗、真宗嘉言善行和治国经验的史书，是嗣位君主在经筵讲读时学习祖宗事迹的教材。真德秀展读这些，再一次有意让理宗在处理济王时应取法于太宗，理宗听后亦首肯。

第六章

赋闲故里　学术精进

真德秀以学术安身立命，以文辞修身养性。他这段隐居故乡的悠闲岁月，如诗、如画、如语、如歌。

以忠获罪归田庐

当时，朝廷有两大派系，围绕“湖州之变”展开了一场激烈的政治斗争，以真德秀为首的贤士正人发出正义之声，为济王喊冤叫屈。魏了翁认为理宗应以兄弟伦理善待济王，他说：“陛下之于济王，锡之珪符，爵立茅土，居之辅郡，赞书旁午，恩意优渥”，如此则“非特以全兄弟之伦，孔子所谓‘父母其顺乎’？陛下盖深体此意也。”

魏了翁，字华父，号鹤山，邛州蒲江（今属四川）人。他是浦城人吏部尚书徐应龙的女婿，曾为徐应龙撰像赞：“奇才命世，山斗文章。忠贯烈日，盛凛秋霜。望重于图，德孚于乡。蛰蛰螽斯，天笃其祥。”魏了翁与真德秀关系最为密切：“从来西山、鹤山并称，如鸟之双翼，车之双轮，不独举也。”魏了翁所撰的《西山真文忠公墓志铭》中也说：“惟与公同生于淳熙，同举于庆元。自宝庆讫端平，出处又相似焉。志同气合，于海内寡二。”

魏了翁三次与真德秀同朝为官，政见相同；在学术上都私淑朱熹，二人的学术都是朱子学的重要组成部分，是对朱子学的继承和发展；死也同传，两人传记同在《宋史》437卷。

台阁官有风闻言事之责，这容易造成其权力过重、臣僚进退毁誉悉系于台谏论劾的局面。因此，一旦权相左右台谏时，风闻言事就往往成为台谏徇私击人的借口和手段。也就是说，台谏官如果听到某事，不管错对，就去弹劾人，都可以被皇帝认可。这样一来，台谏是正人还是邪人就很重要了。

当时，另一派系是以史弥远为首的官僚集团。史弥远专政期间，操纵台谏，控制言路。他引用台谏必先期会见，酒肴招待，条件谈妥，然后任命，确保台谏俯首效力。尽管如此，他还不放心，台谏论事前，要把谏章的草本或副本呈给他批准。这样，史弥远既杜绝了言路抨击他专断朝政的可能，又让台谏成为搏击异己的鹰犬。他以宣缯、薛极为肺腑，王愈为耳目，盛章、李知孝为鹰犬，专擅朝政，权倾内外。

王迈《真西山集后序》载：真德秀“每上一谏疏，草一制诰，朝大夫与都人争相传写。……布于下者，锓梓一出，深山长谷、穷閻委巷之氓，鸟蛮象郡，风帆浪舶之贾，竞售之如获至宝。……先生之学也，修辞以立诚者；先生之文也，其陈仁义以告君也，直而婉，正大而不迂一片赤诚，对越无愧其

台阁，是宋朝内台（御史台）、外台（监司）与朝廷掌建言的给事中、谏议大夫的连称，虽各有所司，而职责往往相混，故以“台谏”泛称。台谏号称天子耳目，职责为纠察官邪、肃正纲纪，其司制约相权、纠察百官、整顿吏治和监督舆论。

所谓‘上帝临女无贰尔心’者欤，其代王言以戒百官也。”

真德秀的奏疏是如此深入人心，其忠鲠之言理宗又虚心开纳，而所言又对史弥远非常不利。史弥远权倾一朝，虽然理宗对他颇为眷顾，他还是恐慌万状，他专政的危机感进一步增强。先是屡屡对真德秀以祸福相诱导，逼使真德秀附己，真德秀都不为所动，于是，史弥远就与其党群起围攻，无中生有，乱安罪名。

居心叵测的梁成大是福州人，字谦之。他县官任满后，到京候选，谄媚史弥远干亲万昕。万昕说，真德秀当受惩罚，梁成大说：“我假若能任官台谏，一定能明辨此事。”万昕将他的话转告给史弥远。此后，他充当急先锋，日坐茶肆，毁真德秀不值一钱，引起朝廷内外对他的指责。当时太学诸生曰：“大字傍宜添一点，曰梁成犬。”

“想君记得西山语，佳士从来去就轻”，这是真德秀学生王迈写给黄自然（字元辅）《用韵简黄元辅二首》诗中的一句话。确实，真德秀从来都以学术为重，将当官看得很轻。面对小人的攻击，他不予理会，杜门求去。他上《为足疾请朝假作》，以“右足赤肿，行履艰难”为由，从八月初六起请朝假5日。假期未满，即上《乞宫祠状》，也是以病为由求去任祠官。八月初九，理宗下敕，不允真德秀之请。从敕词中可以看出，理宗对真德秀还是很依恋的。敕词中说：

盖君臣相须之急，而亦君臣相遇之难，自昔已然也。卿抱有用之学，数千里而来，卿之本心，固欲其道之行也。朕方望卿以有为，则非孟轲不遇之比也，而乃翻然思去，何哉？……其安厥位，以展猷为，朕之惓惓，卿其深体，所请宜不允。

真德秀接着又上《再乞宫祠状》，述说理宗“从善如流”，他自己也“深愿勉殚尺寸，少补涓埃，曾未三月，遽求引去，揆之于义，夫岂忍为”，但自己实在是连年抱病，所以才求去。八月十四日，降诏不允，同时还强调“不得再有陈请”。

史弥远见理宗对真德秀还很眷念，便组织其鹰犬交章诋毁。

梁成大向理宗上奏说：“大佞似忠，大辩若讷，或好名以自鬻，或立异以自诡，或假高尚之节以要君，或饰矫伪之学以欺世。言若忠鲠，心实回邪，……所行非所言，所守非所学，一不辨焉，枘凿不侔，矛盾相激矣。”此奏虽然没指名道姓，但句句指向真德秀。过后6天，他就拜监察御史了。

真德秀对这些毁谤，自请责罚，三上黜责状，理宗均不允。

史弥远见他的爪牙的攻讦无效，真德秀还未失圣眷，便凭他把持台谏的优势，又组织一轮新的围攻。

八月二十七日或二十八日，殿中侍御史、“三凶”之一的莫泽，开始指名道姓说真德秀曲论济王事，有悖纲常。李知孝也说，真德秀对皇上的话断章取义，错误地誊抄，屡次给人看，导信邪说，如簧鼓舌，同流合污，如或再有类似狂妄的言论，应当追查、处罚，予以放逐，以正典刑。

“湖州之变”是理宗的心病，让他日夕不安。真德秀等贤士正人对这事件是把理宗与史弥远作区隔的，矛头直指史弥远。但在“湖州之变”上，理宗与史弥远为利益共同体，一荣俱荣，一损俱损，这决定了理宗不可能听从真德秀等人对济王“舍罪、恤孤”的要求，如果听了，那就等于宣告自己的政权是不合法的。

所以，理宗虽然了解真德秀等人的良苦用心，但还是拒绝为济王“舍罪、恤孤”。他对来自史弥远集团攻击真德秀的言论和行为，没有批评，而袒护说是“各罄所怀”，意思是说他们也是尽心尽力的。

在史弥远集团的交相攻击下，理宗最终倒向史弥远。九月初二，真德秀被诏除宫观职。给真德秀安排的职务为焕章阁待制、提举隆兴府玉隆万寿宫，任便居住。这就是说，真德秀可以不到隆兴府玉隆万寿宫任职，还能居住在家乡浦城，拿待制的祠俸。

真德秀从宝庆元年（1225年）六月初四到京，到九月初二被任为宫观官，时间不及百日。顾泾“不满百日当归”的话得到应验。4年后，顾泾到浦城拜访赋闲的真德秀，两人相与论考卜阜之术，真德秀还请他为自己选择葬地，写了《赠顾泾序》。

真德秀轻松启程，回到家乡浦城，即到西山设醮，从他所诵的《青词》可知，对这次出朝他并不在意，因为这遂了他的心愿。但史弥远还是穷追不舍。

宝庆元年十一月二十七日，谏议大夫朱端常又增加魏了翁、真德秀的罪名，说魏了翁封章谤讪，真德秀奏札诬诋。朝廷下诏，将魏了翁贬谪到靖州（治所在今湖南靖县），编入该地户籍，由地方官吏加以管束，也称为编管。真德秀落职罢祠，降二秩。

真德秀被撤任宫观官后，再次在西山设醮，向神明表明心迹。

宝庆二年（1226年）二月初六，那个讨人恼怒的梁成大又出来捣事，他说真德秀有大恶五，仅褫职罢祠，罚轻，诏削二秩。他上奏：“魏了翁已从追窜，人犹以为罪大罚轻。真德秀狂僭悖缪，不减了翁，相羊家食，宜削秩贬窜，一等施行。”就是要求将真德秀也与魏了翁一样，放到州郡编管起来，不能居住在家乡。奏章呈上2个月后，史弥远还在理宗面前问及此事。理宗让他们不要太过分了。史弥远虽然有些气愤，但对理宗不可揣度。由于理宗保全，真德秀仍可里居，仅降三官。

大笔淋漓传世文

真德秀回到故里，一片晴空万里。对朝廷而言失去一个忠臣，却使真德秀能密集地进行学术研究，潜心从容地著述，成就了一个著名的理学家，也为中国思想宝库增添了一份珍贵的遗产。

被革职回乡居住，虽然丢了高官厚禄，但他以豁达开朗的心胸承受不平的待遇，增添了更多的平和与安然，活出了人生的真谛。虽经风摧雨抑，对于有早退之志的真德秀而言，不啻特别的恩赐，放逐的七八年，是他一生学术研究最辉煌的阶段。在家乡，他修建了共极堂、学易斋、梦笔山房等，他有了专心致志、与师友切磋学问及子弟修学之所，真德秀的学术造诣更臻完善，此时撰写的著作是他理学思想完全成熟的标志。

在浦城城西有一座孤山。元徽二年（474年），南朝江淹因事忤犯当权者刘景素，被贬为吴兴令。一天，江淹漫步郊外，徜徉到此，并留宿山中。相传梦中得一管五彩花笔，此后文思如涌，后来演化为“梦笔生花”的美谈。这一传说，给孤山增添几分神秘和美妙的色彩，山以人垂，孤山亦改称梦笔山。

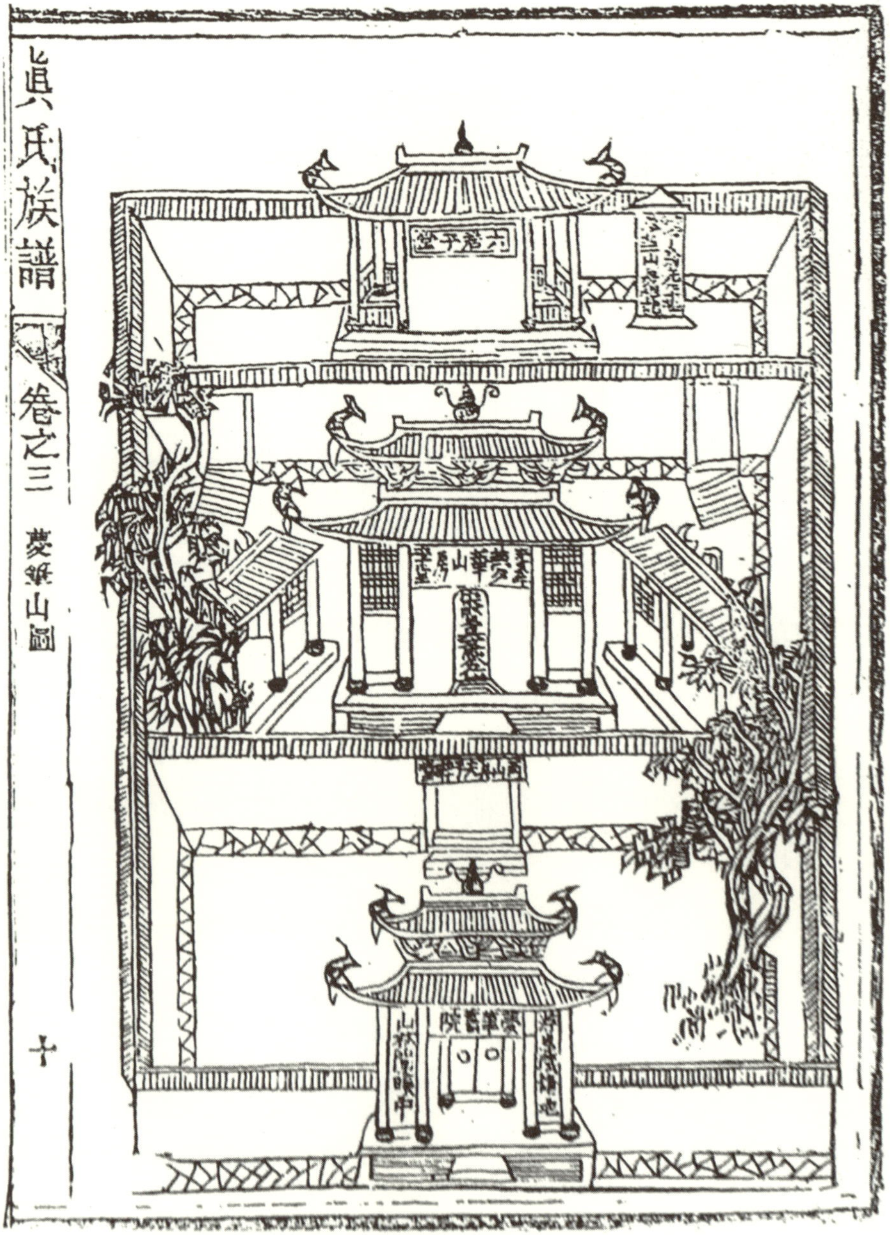

梦笔山房图

真德秀非常看重这人文气息浓厚的梦笔山。宝庆元年，他被革职回乡后，即在此建梦笔书堂，还特嘱好友魏了翁写了《浦城梦笔山房记》。

草堂虽然简陋，但是学术氛围浓烈。真德秀每天在此与门人刘克庄、汤汉、徐华老等修撰《读书记》，后来成为历代君王圭宝的《大学衍义》就是此书乙记中关于“人君为治之本”这部分。

宝庆二年，真德秀在浦城粤山下建新居，当年九月落成，他迁入新居。真德秀一贯清廉，这新居是将仙阳西山精舍旧居全部拆移所建。虽是陋室，但“幸挹两山之胜”。新屋在浦城名山粤山附近，远望可见吴山。

真德秀在《粤山入宅青词》中说，他在此闭门思过，能使朝廷知道他的心。在这里讲学修身是为了得知至道，教育儿子，传给忠孝之道，能很快得到孙子并带来吉祥。他发誓毕生要勤行众善，不负圣贤之训，以此酬谢大地之恩。绍定四年（1231年），在其屋南向建共极堂，书斋名学易斋，有对联“坐观吴粤两山秀，默契羲文千古心”，这是我国最早的书斋联。从中我们可知他当时的生活情景，在新屋遥观吴山、粤山的秀色，过着闲暇的生活，但是学术研究不辍，使其思想默默地与古代圣贤之文相契。在这时期，他还撰写《易图解》，为编纂《心经》《政经》做准备。

闲居期间，他的学问精进。刘克庄在《真公行状》中说：“探道专一，始觉清通和乐，八窗玲珑。尝曰：‘天壤之间，横

陈错布，无非至理。虽有道者不待窥牖，而灿然毕睹。然自学者言之，则见山而悟静寿，观水而知有本。风雨霜露接乎吾前，则天道至教，亦昭昭焉可睹也。’”就是说，真德秀已见微知著，登高望远，学问上登堂入室了。

真德秀两部最著名的著作都是在这期间撰写的。

真德秀是文选家，闲居期间还完成《文章正宗》的编纂工作。宋代，理学复兴的思潮中，依据孔子“有德者必有言”，诗与文都一样置于理学的价值系统之中，审美被置于道德之下，道德价值优先于审美价值，都要求承载理学的精神价值。这一文学观，尤其集中体现在程朱理学家身上。

朱熹在文道观上，提出了“理本文末”观，用一种高度道德理性和实用主义的目光来审视文学的价值。真德秀继承并发展了朱熹等理学家的文学主张，把文学作为宣传理学的工具，要求诗文“发挥义理，有补于世”，推崇穷理之用的鸣道之文。他有意识地继承了朱熹的“理本文末”观，在此基础上，明确提出他的“德本文末”观。他还非常重视“气”，认为“气”不仅决定人的才性，而且也决定诗文水平的高下。

南宋晚期，在士大夫、理学家中又出现一个令人瞩目的文学现象。在创作中，形成和陶渊明诗、拟陶渊明诗的风潮，同时出现大量的和陶专集。

真德秀也倾心陶渊明。他在《文章正宗》中，把陶渊明作为选诗的根本准则。他说：“渊明之作，宜为一编，以附于《三百篇》《楚辞》之后，为诗之根本准则。”《文章正宗》收录陶渊明诗歌达49首，其数量与唐以前各家诗总量相等，占1/6，是陶渊明诗歌总数的1/3。

从真德秀的诗歌中，可以看出陶诗对他的影响。其诗明白流畅，少雕琢词句；情景交融，不落纤巧凡近；语言质朴，感情色彩强烈。

真德秀还是填词高手。他有一首《蝶恋花·红梅》，是礼赞梅花的词作。

> 两岸月桥花半吐。红透肌香，暗把游人误。尽道武陵溪上路，不知迷入江南去。　　先自冰霜真态度。何事枝头，点点胭脂污。莫是东居嫌淡素，问花花又娇无语。

这首词充分运用了陶渊明的《桃花源记》中武陵渔人误入桃源、忘情迷途的典故，反衬江南梅花的迷人风姿。词中说人人尽说那“芳草鲜美，落英缤纷”的武陵溪畔桃花林的美丽，却不知这梅花半吐的江南风景的迷人。对比之下，更突出江南桥畔梅花的美丽，表现了主人公爱梅的情感。词的上阕从外部面貌赞颂梅花的迷人之姿，下阕则从凌霜傲雪的内在品质来颂扬梅花。

再说《文章正宗》这部书。为编著此书，真德秀先取周敦颐、二程以来诸老先生之文，摘其有关大体，切于日用，汇次成编，名为《诸老先生集略》，篇帙多，有78卷。宋末世运日降，文气日卑，真德秀迫切希望改变此状况，使学者识其源流之正，集录《左传》《国语》至唐元和（806—820）、长庆（821—824）之文，以明义理、切世用为主，否则辞虽工亦不录。他

将这些文章分为辞令、议论、叙事、诗歌四门，名为《文章正宗》，共20卷。此书是绍定元年（1228年）开编的，据《文章正宗纲目》落款“绍定执徐之岁正月甲申学易斋书”，即绍定五年（1232年）正月初五编就。

此书又有续集20卷，皆北宋名流之文，缺诗歌、辞令二门，仅有叙事、议论，而末一卷议论之文，又有录无书，是未成之本。后来，倪澄、郑圭得到未成之本，如获拱璧，按真德秀四门体例，收录宋自欧阳修以下十四家文，经他们穷日夜3个月，稿成，亦分为20卷，又在州学刊刻，用时4个月，于咸淳二年（1266年）正月完成，此时距真德秀去世已31年了。

《文章正宗》持论甚严，大意主于论理，而不论文。真德秀说：“‘正宗’云者，以后世文辞之多变，欲学者识其源流之正也，自昔集录文章者众矣，若杜预，挚虞诸家，往往埋没弗传。今行于世者，惟梁《昭明文选》、姚铉《文粹》而已……其体本乎古、其指近乎经者然后取焉，否则辞虽工亦不录。”其中诗歌一门真德秀嘱刘克庄编类。刘克庄说：“《文章正宗》初萌芽，以诗歌一门属予编类，且约以世教民彝为主，如仙释、闺情、宫怨之类皆勿取。余取汉武帝《秋风词》，西山曰：‘文中子亦以此词为悔心之萌，岂有然乎？’意不欲收，其严如此。然所谓‘怀佳人兮不能忘’之语，盖指公卿郡臣之扈从者，似非为后宫而设。凡余所取，而西山去之者大半，又增入陶诗甚多，如三谢之类，多不入。”《四库全书总目》187卷对刘克庄此说“详其词意，又若有所不满于德秀者。盖道学之儒与文章之士，各明一义，因不可得而强同也。”刘克庄是真德秀的得意门生，也不能完全领会真德秀严格的体例。

《文章正宗》以明义理、切世用为本，学者争诵不已，世代流传。

“四书”之名创自朱熹。他从《礼记》中抽出《大学》和《中庸》，与《论语》《孟子》合称为“四书”。朱熹对“四书”进行集解、训义、注释，集刊为《四书章句集注》，简称为《四书集注》，这是朱熹竭尽平生精力而完成的巨著。

但《四书集注》问世以来争议颇多。宝庆三年（1227年）八月二十一日，真德秀辑成《四书集编》之《大学》一卷、《中庸》一卷，但《论语》《孟子》集注，虽已点校，直到他去世，集编还没完成。其后，刘才之根据真德秀遗作鉴定，有《论语集编》10卷，《孟子集编》14卷。咸淳九年（1273年）合刊，名《四书集编》，后世赞誉颇高。

真德秀篇篇著述，都闪烁着理学思想的光芒，是他的学术思想的重要组成部分。《西山文集》收入的记、序、题跋、墓志铭、青词、疏语等，大多是真德秀在此时期创作的硕果。

《西山文集》书影

故山增润

真德秀谪居故里时，先后任知县的有两人，一是陈昉，一是宋植。县丞有郑思忱，主簿有陈逢寅。他们与真德秀交往频繁，不时向他请教，生日时互相赋诗祝贺。当然，更多的是真德秀勉励他们勤政为民。

宋植于宝庆年间到绍定初年知浦城县。他对真德秀很尊重，请他到馆室相见。真德秀深知为官之道，对他的为政情况进行考察。真德秀49岁、50岁生日时，宋植也都向他祝贺。真德秀撰《谢宋宰为寿》《回生日贺启》以谢。

浦城自乾道四年（1168年）遇大旱，经过60年，宝庆三年（1227年），又遭酷旱，百姓惊怕，但仍获丰收。真德秀说，这是宋植“以慈惠之心，行宽平之政”所致，符合真德秀的为政之道，这是他很赞赏的。

宋植也是一位崇敬理学之人，他听说朱熹、陆九渊的学生包逊过访真德秀，就请包逊在县学讲授《孟子》要旨，组织学子百余人听讲，自己也在座。

南浦桥是浦城县城关横跨南浦溪的长虹。宋隆兴元年（1163年），由县令上官端仪捐资兴建，初名南桥，又名上官桥。至宝庆年间，桥已毁坏。宋植组织重修。绍定元年（1228年）五月二十七日，南浦新桥举梁，第二天是宋植的生日，真德秀兴致勃勃，诗兴大发，作《新桥行》诗以贺，为民庆幸。他喜悦地说：

“从今南浦绿波上，惠泽千春同渺弥。”还勉励说：“官自忧民民自乐，此事更属无穷思。”

陈昉也是真德秀看重的县令。他一到浦城，真德秀就观察他的政绩，见他器质沉靖、学识通明，性本宽和，有凛然之操节，政先平恕，而时有难犯之威。在他生日之时，真德秀以七绝二首《寿陈宰》诗作贺，称赞激励他。其中一首称：

花种河阳未十旬，和薰四境蚤如春。
试看条教频频下，字字无非育物仁。

其后，真德秀奏举陈昉，说他“公正聪明，可备监、司、科”。陈昉后升为建宁知府。

郑思忱于绍定初年以宣教郎知崇安，性嗜书，虽听咨也不释卷。俗吏说他迂腐，有人向府里进谗言，于是他被降任浦城县丞。真德秀与他交谈，知他贤明，向太守介绍郑思忱的实际情况，恢复其任。

陈逢寅以文鸣天子学，升为太常第，由吏部选任浦城县主簿。但他不认为主簿职位轻微而不肯作为，而是孜孜所职，朝夕自力自始至终，也得到真德秀的赞许。浦城县主簿厅，从来无记，陈逢寅考自建炎至宝庆年间，主簿有30人，题其名于石。真德秀为之撰《浦城县厅壁记》，说：“今陈君书此石也，将使后之人指石而议，曰：孰清如冰，孰涔如泥；孰伟然特立，孰汨焉突梯”，对后世官员是一种警示。

当时县令推行的政务，若对浦城百姓有利的，真德秀都鼎力相助。

绍定四年（1231年），官府举行保甲，真德秀非常赞同。他认为，当时的人少知古意，邻里相视，往往皆如路人，因此推行不开。官府又再催促，反而使百姓产生疑惑，以为这是官府要派差役而推行保甲。真德秀与县令、县丞商议，认为这是恤民而非扰民的制度。为此，他撰《浦城谕保甲文》，请他所在隅官总首遍行报告，并将此文贴在各户门前。文中说：“某卜居于此，倏已六年，阖邑之人，皆吾里乡党也，思一聚而未能。今因此遍会吾同邑之人，而力有所不及，将以此月中旬，与同社百家修祀于本坊之社。”他说，祭祀所需的牲牢酒醴都由他准备，祭祀完后，分胙给百家。本社士农工商都可参加，但座次则有区别，以崇合古人重乡社之意。在这些聚会中，真德秀陈说邻里乡党相亲相睦的意义，阐明团结保甲的本意。推行保甲，是提防小窃与遗漏而已。一家有盗，不能自获，邻里毕

宋朝的保甲制源于秦汉的乡里组织体系，是一个严密的社会治安网络。乡里出入相友，守望相助，疾病相扶持。

至，必然会抓获；一家有火，不能自灭，邻里毕至，必然会扑灭。至于捍御外盗，近有尉寨之兵和招募之兵，远则有朝廷的大军，不会向保甲派差役和抓兵。还有每户出一人，5天一巡逻，贫士无作者、单丁的老弱可以不出。有百姓心目中的贤人真德秀这样的晓谕，百姓明晓，不存疑惑，保甲得以推行。

真德秀与浦城贤士多有交往，最频繁的是全氏。浦城全氏一世祖为全景文，杭州人。宋初官湖广西阳太守，奉命镇守浦城临江镇山脊，卒于官。后裔遂定居于此，此岭也因之名西阳岭。其后，全氏后人迁居浦城城东与仙楼山相连的金鸡岭，与真德秀在城关的住宅相距不远。

与真德秀同时代的全汝镇，字忠甫，特奏名出身，官国子监祭酒，家中庭院植三株桂花树，祖孙三代聚居一堂，堂前桂花鼎鼎品列，此堂名为三桂堂。真德秀与全汝镇一样，十分喜好桂花，“爱此臭味同”，为此作五古诗《题全氏三桂堂》，刻在堂楣上。诗称：“鸡岭有名家，奕叶彯儒缨。”“刻诗堂之楣，坐观全氏兴。”

全汝镇还建有步云斋、心远室，真德秀都有题跋。真德秀爱恋步云斋，他在《题全氏步云斋》中说：“金鸡一峰，为浦城最胜处，而全氏步云斋实踞其巅，人物彬彬多自此出……予一日摄衣而登，群山回环，万象呈露，恍然若超尘世。”有位龚少仙，是县尉，他为全氏心远室作记，真德秀为此撰《跋龚尉所记全氏心远室》。他以谢良佐语为“心远”之义作解释：“莫为婴儿之态，而有大人之器；莫为一身之谋，而有天下之志；莫为终身之计，而有后世之虑。此之谓心远。”

第七章

再知泉州 主帅全闽

重回朝廷，历经沧桑的真德秀，曾经想再展宏图，怎奈时弊如山，处处掣肘，难以如愿。理想和现实的深刻矛盾，同样令他纠结、惆怅。然而，他依然鞠躬尽瘁、勤政为民。

洛阳桥上抒心迹

真德秀自宝庆元年（1225年）落职罢祠后，直到绍定四年（1231年）才得宫观之职。这年，皇太后75岁，正月初一，在大庆殿举行庆寿礼，文武百官朝贺。礼毕，理宗到慈明殿，向皇太后进奉礼物，行家人礼后，大赦天下，真德秀恩复宝谟阁待制、提举玉隆祠。复官后，真德秀分别上《复官谢皇帝表》和《谢皇太后表》。在《复官谢皇帝表》中表示“惟笃爱君之义，江湖之身虽远，敢忘存阙之心”，表达虽退居林下，忠君之心不忘。在《谢皇太后表》中说：“不遗簪履之旧，载颁命数之新，七年之跂，一日而复”，虽然有感慰藉，但似乎也有些怨气。

绍定五年（1232年）八月初七，真德秀又起为徽猷阁待制知泉州，赴职路上，真德秀有些伤感。他在《再知泉州谢表》中言：“昔犹将母，今独携孥。”路上他回忆起曾带母一起上任，现在老母去世，颇有物是人非、世事沧桑之憾。

真德秀一路匆匆，约在绍定五年九月，行到离泉州10公里处，此处境界豁然，大江浩渺，天水远接，一座长桥横卧，这是真德秀所钦佩的北宋蔡襄主持完工的洛阳桥。

真德秀在这枕群峰、面沧溟、古朴雄姿的大桥上，连诵两篇祝文。其中一篇写道：

> 某蒙恩，分符再莅南土，适当凋瘵之极，未知振起之方，唯当诚意正心、克己励行，拯民如饥溺，远利如垢汙。期以斯年尽销愁叹，倘或有渝斯志，不敢复渡此桥！

掷地有声的誓言，表明心迹，令人敬重有加。

真德秀再知泉州，州民引颈而望。真德秀到达洛阳桥时，万人空巷。《宋史·真德秀传》记载了当时迎接的情景：“迎者塞路，深村百岁老人亦扶杖而出，城中欢声动地。”刘克庄写了一首《送真西山再镇温陵》，描述了当时泉州百姓迎接真德秀再知泉州的心情：

父老香花夹路催，朱幡那忍更徘徊？
弓张至此尤宜弛，珠去安知不复回？
海上有艘堪致粟，洛中无篚胜生财。
泉人毕竟修何福？消得西山两度来。

真德秀到任后即发布《再守泉州劝谕文》《泉州劝孝文》《谕州县官僚文》三文，晓谕士民，勉励僚属。

在《再守泉州劝谕文》中说：“太守将至，郡人欢迎，自惭薄德，莫孚民望。”他宣称：“太守今此为民复来，有大不平当为伸雪，有大不便当为蠲除。事若细微，不必相挠，于尔无益，于我徒劳。违法犯刑，最不可作，旧来有过，各许自新。教而不从，刑斯无赦。有过能改，即是善良。”这些谆谆之言，是其爱心所发。

《泉州劝孝文》中，他表彰了孝敬之人，发现不孝者，自责地说是“忝为郡守，不能以理义训人，致使民间有此悖逆，日夕惭惧，无地自容”。他对自己的要求就是这样严格。他同情贫者，“若贫乏至甚，无力请医，许诣州自陈，当为遣医诊视，药粥之资，与从官给。”他反对丧祭侈费，“欲为亲祈福，岂若捐金谷以济饥贫，有若施药施棺，无非美事，倘能行此，福报自

臻，何必索之渺茫，妄希因果？”

《谕州县官僚文》再以长沙提出的“律己以廉，抚民以仁，存心以公，莅事以勤”四事勉励同僚。

他公开对士民说：“太守去此十四五年，虽泉山一草一木，亦时入思。再叨郡寄，衰病本不能出，念泉人相爱之深，黾勉此来，欲为此邦兴利除害，复还乐土之旧。”他要求所属县令，各以“崇风教、清狱犴、平赋税、禁苛扰”为座右铭。

但真德秀再知泉州，情况已有很大变化。官府为了敛财，重催已纳的赋税，抑勒保司代输逃亡死绝的赋税，甚至无罪估罪，非理而科罚。百姓深恶痛绝。真德秀对此很气愤，到任的第一件事就是禁预借，县令只准催收当年的赋税。南安是一个大县，预借尤甚。由于屡不得人，或他官摄事，因此积弊日深。真德秀上奏请求选择贤能之吏整顿南安。绍定六年（1233年）十月初十，圣旨下达，徐鹿卿差知南安县。当朝廷命他从尤溪知县调南安知县时，他以不便养为辞。真德秀对他说：“道同志合，可以拯民，何惮不来？”徐鹿卿告诉其母，其母欣然同意。抵达南安后，首罢无名的赋税，整理版籍，革除预借，兴水利，平冤狱，邑以大治。真德秀帅闽时，以此劝其他知县要以徐鹿卿为榜样。徐鹿卿后官至礼部侍郎。

预借禁止后，百姓欢颜，但却使州财政陷入困境。各县累月没向州解一钱，州财政出现严重赤字。有人责怪真德秀“宽恤太骤”，但他坚决地说：“民困如此，救之当如解倒悬。吾宁以一身代其苦，不以此为悔。”

真德秀历来反对酷刑。宋陈世崇《随隐漫录》载，陈韡任端阳太守时，用刑甚峻，真德秀写诗规劝：

粉省郎官出把麾，故人何以赠箴规。
孔门仁恕真心法，汉吏循良乃吏师。
听讼莫嫌刀似笔，爱民终见口成碑。
玉麟夜语如相问，为说如今两鬓丝。

在《谕州县官僚文》中，他也恳切对僚属说，对百姓要有仁心，不能残忍。他严令诸县不准轻易收禁百姓，不得擅自严刑拷问犯人；对违法豪强，则痛加惩处，以儆效尤。

由于僚属办事不力，真德秀事无巨细必躬亲之。每据案决讼，自卯时至申时无已，有人劝他注意养蓄精力，以当大任。他说："郡计凋敝，无力惠此民，仅有政平、讼理二事可勉，苟有不加意，即为不治之州矣。"

面对泉州港海外贸易不振的局面，真德秀将严整泉州市舶作为要务。

海外贸易受阻，与海盗横行关系甚大。真德秀力抓海盗肃清。绍定六年（1233年）二月，真德秀遣左翼军正将贝旺等与海盗战于料罗。贝旺以1船80余人对抗海盗8船500余人，海盗船高大，而贝旺船不及其半。贝旺率兵卒奋战，杀两艘海盗船200余人，其余海盗逃往广东。左翼军准备将吴宝在贝旺船被围之时，以小船策应而战死，虽州财政赤字严重，但真德秀支犒赒恤其家。除移文广东经略使外，还上《申左翼军正将乞推赏》状。六月二十九日，奉旨，贝旺转承信郎，即与升充正将职事，吴宝特赠承节郎。

战后，真德秀巡视海滨，发现原来修葺的设施多废弛。军船坏烂而不修，军额死亡而不补，营房颓坠，器甲损失。当时，福州、

泉州、漳州、兴化四郡全靠广东的粮食，以赡军民，福建提舶司正仰番船及海南船之来以供国课。海盗船在海，米船不至，军民便乏食，米价腾贵，于公于私都不利。他与统制齐敏商议，整饬水军及添创大船，葺理诸寨。但府库赤立，官俸军粮尚且不给，而左翼军见管库息亦自不多。为此，他上《申枢密院乞修沿海军政》。

四月二十四日，海盗船十余艘，乘载五六百人上岸劫掠，又驶船到柘林澳掳去两艘盐纲船。四月三十日，海盗又在大坭海劫掠漳州番船货，掳去水手、纲首90人。海盗往来漳、潮、惠州界上冲要的海门，劫掠岸上人家，俟番船到来，拦截行劫。真德秀上《申尚书省乞措置收捕海盗》，奏请福建与广东经略使共同收捕，肃清海盗。

当时，汀邵发生农民起义，主要是农民反抗官府“计口敷盐”。南宋后期，官盐竟拌以灰土，质日益劣，价日益高；与此相反，私盐价贱而质纯。南宋官府将官盐计口抑配，有时甚至不给盐而向民户强索盐钱，给百姓带来极大灾难。因此，农民前往梅、潮、漳等沿海地区贩运私盐，经常与缉捕的官兵发生武装冲突。真德秀清楚地知道“计口敷盐”的祸害，如果不加改革，农民起义必然会再次爆发。他焦虑地上了《论闽中弭寇事宜白札子》说：“盐法一事，乃致寇之源，诸司虽尝议论，迄未闻大有更易。……而县道以计口敷盐为岁计者亦不少。冀于前祸乱之萌未杜，诚可深虑。愚谓宜从朝廷专委监司之有识虑知大体者一员，用先朝更改茶法故事，俾之咨访讨论，立为良法，以白于朝而施行之，此弭乱之本也。”真德秀真是位头脑清醒的官员。

真德秀在泉州遇到的另一难题是南外宗正司的支应。宋王朝为了安顿皇族，于崇宁元年（1102年），设置西、南外宗正司睦宗院，安置天潢贵胄，其俸给、供米、供帛、宗女奁具、丧费均由官府供给。建炎三年（1129年）十二月，南外宗正司迁移到泉州，这时宗子仅349人。日后繁衍，至庆元中，在院者1300余人，居外者440余人。至真德秀再知泉州时在院者达1427人，居外者887人。建炎至淳熙间，朝廷运司补贴多，而泉州自备的少。自淳熙以后，朝廷运司补贴少，而泉州自备多，泉州承担的费用日深日重，给泉州地方财政和百姓造成巨大的压力。庆元以前，泉州田赋登足，舶货充羡，称为富州，供应人数又少，应付不觉其乏。二三十年以来，课利所入大不如昔，常赋也不如昔，而供应宗子之费倍多于昔。州府暗中放任诸县预借一二年之税，重催已纳之钱，百姓憔悴日久。真德秀上任后取消预借，不准重科，官俸兵粮已苦不继，真德秀到任6个月，只领到2个月的俸给。对宗子廪给率常拖压，当请与当增请的不敢批给，宗妇之成亲，宗女之归宗，合当请给的也不能发放。每日到公庭哭诉的宗子衣衫破旧，面色憔悴之状，令人恻然。

宋朝有度牒制度。度是指度之入道。度牒是官府发给僧尼证明身份的文件。度牒起源于南北朝，唐朝开始，官府可出售度牒，以充军政费用，僧尼持有度牒，可免徭役等。

真德秀既不忍坐视皇族嗷嗷待哺，又不忍以重敛加害百姓。在两难之中，他急切地向朝廷申请发给泉州度牒120道，补贴养赡宗室费用。八月初二奉圣旨，只拨其半，每年支拨度牒60道给泉州，每道作800缗变卖。真德秀又再申请，朝廷再拨40道，每年共拨100道给泉州，充宗子请受支遣。这样既解决了宗子的赡给问题，又不增加百姓负担。喜讯来到，宗子及百姓欢声如雷。

真德秀日理万机，亲力亲为，但传播理学思想、学术研究仍不辍。这次在泉州仅一年两个月，又有《心经》《政经》问世。《心经》，《直斋书录解题》《文献通考》均作《心经法语》，为一书两名。是编是集圣贤论心格言，而以诸家议论为之注，末附四言赞一首。大旨以“正心”为本，以“心”之精神为圣，发挥主敬操持、格物穷理、躬修践履之意。在注文中，真德秀完全继承了自孟子以来直至程颐、朱熹等人对“心”这一哲学范畴的观点，将诸儒有关“心”论融于一帙，并为其作进一步阐述，是程朱理学体系中的经典著作。端平元年（1234年），颜若愚刊刻此书于泉州府学，并作跋。淳祐二年（1242年），大庾令赵时棣又将此书与《政经》合刻。赵时棣也是真德秀的门人，真德秀在泉时，他任法曹，后任大庾令。真德秀门人王迈作序称：“《心经》一书行于世，至彻禁中。端平乙未公薨后两月，从臣洪公咨夔在经筵，上出公《心经》曰：‘真某此书，朕已夜览而嘉之，卿且为之序’，其见重也如此。”

绍定六年（1233年）十月十九日，朝廷命下，真德秀以显谟阁待制知福州兼福建安抚使。这次在泉州期间，真德秀整顿吏治，改善民生，政绩显著，他无愧上任时在洛阳桥上所发的誓言，在百姓的欢送下离开泉州。

福州善治

理宗初即位，史弥远擅权，渊默十年无为。真德秀被命为知福州兼福建安抚使后的几天，即十月十九日，权相史弥远病死，理宗终于摆脱了史弥远的阴影，得以亲政。次年，理宗改元端平，登进贤俊，屏斥憸佞，惩治赃吏，禁止贿赂，称“端平更化”。史弥远死后，史弥远旧党尽数被罢斥。理宗夜晚降旨撤销梁成大权刑部侍郎职务，提举千秋鸿禧观；也撤销李知孝兵部尚书兼侍读的职务，以宝谟阁直学士出知宁国，后尚书省驳之，令提举嵩山崇福宫。这样，为史弥远出力最多的两个鹰犬都受到惩处。真德秀得知，大喜说：“二凶去矣。闽特犬豕，越乃虺蛇。”（梁成大是闽人，李知孝是越人。）真德秀得知洪咨夔、王遂为监察御史后，更为欢欣，说“四十年无此矣”。

史弥远时有“三凶”，除梁成大、李知孝外，还有一个莫泽，这也是攻击真德秀最力者，“二凶”处理后，他还担任给事中。十一月初五，莫泽急于撇清干系，竟对同党下手，上疏说梁成大暴狠贪婪，苟贱无耻，诏夺梁成大祠禄。十一月二十四日，台臣劾莫泽贪淫忮害，他最终难逃惩罚，被罢去职务。

绍定六年十一月二十八日，时任礼部郎中的洪咨夔在轮对中就说：“今日急务，进君子而退小人，开诚心而布公道，如真德秀、魏了翁当聚之于朝。”得到理宗的首肯。

这是真德秀任职福州和回到朝廷的背景。

而此时的福州，也是“环瞻郡邑间，大半皆污吏。民穷盗乃起，原野厌枯胔。”对此，真德秀“哀哉罹祸徒，念之辄挥涕”。他一到福州，就将12个县的知县召集起来，推心置腹地对他们说：“勿为硕鼠贪，踯躅乃多畏。上方明黜陟，我亦公举刺。民言即丰碑，令问疾邮置。黄堂一卮酒，殷勤抒至意。慎

勿多酌余，忧心正如醉。”他还在《福州谕俗文》中向百姓宣布，已告诫十二县属，不得滥刑，不得横敛，不得徇私，不得黩货，不得通关节，慎用小吏。其用意是，若有此六种情况，百姓可以告发。

真德秀一上任，立即采取严厉措施，减轻百姓负担。原来赋米送到州仓，每斛要收损耗钱300缗，他减去1/6。福州设有市令司，负责市场管理，有欺压商家的弊端，他下令取消。同时，官府购物，要按市场价，不准以官价强买。闽县的赋税由里正收取，有些里正从中敲诈害民，他即将其革职。沿海海盗纵横，他在险要处增兵船，发给兵械，激励当地的隅总进行防守。此后，海盗的首领相继擒获绝尽。

他最为重视的是教育。第一件事是在福州郡学设尊行堂。因久缺纯良儒者为师，他遍访人物，将云生郑先生、梅坞林先生、信斋杨先生请入尊行堂。因为他们年高德劭，为表示敬意与诚意，他亲书《请郑林杨三士入尊行堂》，请他们每月初一早晨到尊行堂讲课，发挥圣门大训，使学子能得到修身立己的要旨，相互勉励。他还率同僚到尊行堂听讲。

绍定六年，福州发生水涝歉收，建宁、泉州、兴化也都歉收。真德秀上奏，乞拨平江百万仓米15万石赈粜，还没等待批准，就先发常平米平粜给福州、泉州、兴化，剑州常平米平粜给建宁。在饥荒来临之前，米已拨到各地。其后，朝廷准奏，以上拨米补充常平米。

端平元年（1234年）正月初一，理宗令内外大小之臣悉上封事，凡朝政得失、中外利病尽言无隐。在全国上下联蒙灭金的一片狂热中，直至在宋蒙联合攻陷金国最后都城蔡州时，真德秀都保持十分清醒的头脑。金亡后，南宋必与强悍的蒙古接壤，这让他更为担忧。早在24年前，他在江东任上所封事中就虑及此事。他“知国家异日必与鞑（指蒙古）邻，既与之邻，安能无隙？不免交兵，势所必然，理当预虑。”他特别提到宣和年间联金灭辽的惨痛教训：与蒙古联盟灭金是引狼入室，恢复中原不能轻举，当前首要任务是自强。

端平元年六月，表示自己要从善如流的理宗，不顾真德秀等人的反对，在准备很不充分的情况下，断然下诏，兴师北上，试图收复“三京”（西京洛阳、东京开封、南京归德），称为“端平入洛”。次年，蒙古大汗窝阔台集合了50万以上兵马，发动全面侵宋战争，宋军以失败告终。

在朝廷的一再催促下，端平元年六月初一，真德秀离开福州入朝赴任了。

闻名遐迩的鼓山，位于福州东郊，真德秀因政务繁忙，一直无暇涉足。六月初二、初三，他与刘克庄诸人同游鼓山。真德秀上山首站即是涌泉寺，在此饮泉畅谈，在娴静的环境中，他的忧烦得到缓解。他在《游鼓山》诗中这样描述此时的心情：

始酌清泠泉，一浣丹墨汚。
超然烦溽中，著身在冰壶。

真德秀一行又来到灵源洞。灵源洞狭长幽静的山谷成为摩崖石刻的走廊，这里有宋代蔡襄、李纲、赵汝愚、朱熹等人的题刻，他们都是真德秀所敬佩的前辈，特别是赵汝愚与朱熹留下交臂而过、隔空唱和的遗憾，又想起他们始终如一的志向、友谊，使他心潮澎湃。他“摩挲岩上刻，慨仰赵与朱。举觞酹且盟，一节期终初”。真德秀的叹咏，延续了三人的佳话。

力明正學

第八章

社稷荩臣　一代儒宗

担社稷重任，忧朝野春秋，做学术巨擘，书人格丹青，真德秀丰富而辉煌的人生，浩荡如江河湖海。或许，正因为如此，时代和人们才一次次地崇敬和呼唤他。

缙筵进讲，力明正学

福州经浦城到临安是捷道，真德秀在赶赴朝廷的路上，顺道回到浦城。

真德秀在浦城住了一些时日，于端平元年（1234年）九月才入京。

真德秀这次进京，负重致远，他怀着讲明理学、使之确立正宗地位的决心，带上他用心甚多的《大学衍义》，以实现“如有用我，执此以往”的夙愿。真德秀在路上，仍对此书修改不辍，虽然服药，还挥汗执笔不懈。

九月十三日午时，真德秀被宣召入选德殿，受到隆礼。真德秀向理宗叙述离开朝廷日久、蒙恩被召的感谢话。理宗也说出他的心里话：“卿去国十年，每切思贤之念。”

真德秀研精覃思，一上殿，即奏《召除户书内引札子》四篇。退朝后，作《得圣语申省状》，叙述其与理宗问答之语。此四篇主要引经据典，向理宗讲解三件事。

真德秀在宁宗朝就非常重视祈天永命之说，这次进奏，就首进此言。大略是说权臣黜贤进贪、欺天罔民之事，皆当急速革除。

二奏存恢复中原进取之心：如果只以力求之，而不反其本，实在堪忧。进取有二难。用兵莫先人才，今举世所属，曾不数人，一难也。自己于嘉定中尝乞经理垦田积谷，而权臣视为迂阔，塞下之备空虚。一旦举兵，乃漕浙米，由江入淮，汴河久已堵塞，又须陆运，劳费甚于登天，二难也。有此二难，都是权臣玩岁而荒废时日造成的恶果，不是今日措置的失误。但是承载了三十年之弊，要想整治，非十年不可。因此，现在应像诸葛亮那样休养生息，希望以收敛务实为主，以增强国力。

三奏战守之论不同，同样都是为了国家。元祐中，怀着畏惧一心为治，但群贤自相矛盾，小人得乘之。希望平心静气进行商榷，以前事为戒。

每奏，理宗都称善，有的还首肯再三。

真德秀说："士大夫因袭旧习，未有革心之图。"

理宗接话："往往士大夫革面未革心。"

真德秀说："要选好监司、郡守，以抚摩其民。"

理宗赞曰："闻卿所至，视民如子。"

真德秀把百姓的疾苦放在心上，对此也最了解。他又奏："比年民之穷困极矣，臣久在田里，实亲见之，愿陛下与大臣熟议，于近臣中择其用心忠厚、通晓民事者，令条具今日便民之事，以次施行，此乃培根本寿命脉之要，此即祈天永命也。"真德秀所言的都是国家大计，理宗欣然采纳。

九月十九日，真德秀被任命为翰林学士知制诰兼侍读，真德秀再辞，不允。理宗接到真德秀的辞状后，降诏赞叹真德秀为朝野所敬重。

理宗非常敬重真德秀，赐给他衣带、鞍马。

这段时期，真德秀主要为理宗讲读《大学章句》和《大学衍义》。理宗对其非常重视，说："《衍义》一书，备君人之轨范焉。"理宗所说，确为至言，从理宗而后，《大学衍义》一直声

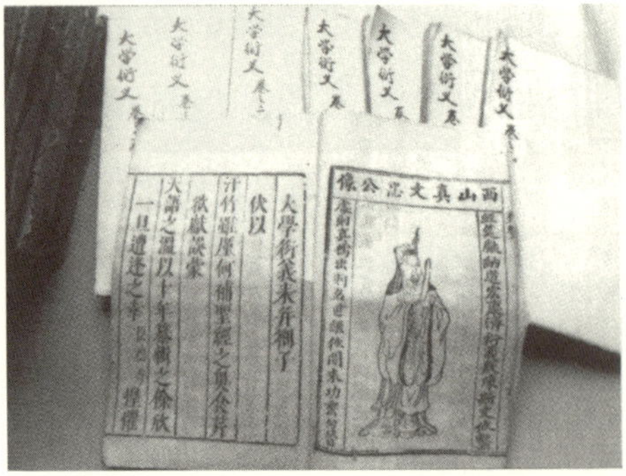

《大学衍义》书影

誉甚隆。

理宗说："楮价日低，皆是监司郡守不留意。"真德秀不同意理宗将楮币贬值的责任全推给地方官的看法，他奏称："会价所以不登，固缘监司郡守不留意，然其间亦有留意者。大率常物之情，少则贵，多则贱。自故相在时，印造多了，今又边事方动，未能减印造之数，所出太多故贱。"真德秀认为楮币贬值，其根本原因是楮币滥发。理宗欣然听纳，并对真德秀说："自此望卿启迪，毋或有隐。"足见理宗对他的信任。

理宗又问边事："北使来议和，闻外间议论颇纷纷。"真德秀上奏要礼待来使，但是"万一露欲和之意，切不可轻信，盖金人昨以和误我，后来敌人又祖其故智，以误金人。今日虽不可沮其善意，亦不可堕其奸谋。边事之备一事不可阙略，一日不可稽缓。"

十月十九日，讲读《大学章句》"明明德"章"天之所以与我，而我之所以为德者也。"

十月二十六日，讲读《大学章句》"止于至善"。

十一月初八，进读《大学》"格物致知"章。真德秀奏："陛下履位十年，其酬应事物多矣，然权臣专政，务为蒙蔽，恐陛下未能一一致察也。故十年之间，是非邪正，颠倒错缪，无所不有，人皆知为权臣之罪。今既躬亲大政，则凡所以剖判是非、别白邪正者，陛下当身任之矣。若于事物之理不深加穷究，应酬之间少有差失，咎将谁归？故臣惓惓欲陛下以格物致知为事也。”

这天，真德秀还谈到他所进的《大学衍义》，真德秀说：“以明道术、辨人才、审治体、察民情为格物致知之要。本末粗备，以卷帙稍多，未即进读，陛下万机之余，早赐览观，则于穷理之学，将大有所进。”理宗说：“此书朕时时自观。”

十一月十三日，真德秀进讲《大学》“诚意”章。

十一月十六日，真德秀讲《大学》“致知”“诚意”二章。理宗言及财用窘匮。真德秀奏：“今日当此空匮之极，别无方法，只撙节一事可行。”又奏：“若欲撙节费用，须陛下力行节俭，以为群臣之倡。”君臣之间又谈及赵汝愚本末，真德秀奏：“本朝宗室未有如汝愚比者，故可居宗室所不可居之位。”真德秀在理宗前，力赞赵汝愚配食之议。

过了两天，即十八日，真德秀讲《大学》“修身在正其心”“治国必先齐其家”二章，又讲读《大学衍义》“九经”章。真德秀奏：“大抵续人之祀者乃盛德事也，天之所予之；绝人之祀者，非盛德事，天之所恶也。”理宗听后，有所恐惧，有所触动。真德秀对理宗处理济王不肯“恤孤”一事，一直耿耿于怀。真德秀进讲这事，暗指理宗在处理济王时不给续嗣不是盛德。事后，李正言称赞真德秀这次奏陈很好，说“其言切而不露也”。

十一月二十四日，理宗又增加真德秀史官的职务，诏除兼修国史实录院修撰。

十一月二十七日，真德秀进读《大学》“挈矩”章至“比年以来元元愁苦者众”一段：“顷年以来，民人愁叹，盗贼蜂起，皆由权臣大开贿赂之门，为监司郡守者极意掊克，以充苞苴（贿赂），于是民穷至骨。为将帅者，亦极意掊克，以充苞苴，于是兵穷至骨矣。所以兵民胥怨喜乱，乐祸之心人人同之。更化以业，虽已禁止苞苴，军民愁叹如故，此无他由，未尝选良吏择良将，以任抚宇之责，州县之官贪鄙如故。”真德秀分析兵民穷困是造成动乱的原因，直指官吏，这是明智的。

十二月十三日，进读《大学》“平天下”章，申论“楚国无以为宝，惟善以为宝”等。进读毕，乞谕边臣饬备。

十二月二十七日，继续进讲《大学》“平天下”章。痛斥当时贪腐之风，“夫天下之患莫大于人心之趋利，举世之人皆趋于利，则知有己而不知有君，知有家而不知有国。”

理宗是开禧元年（1205年）正月初五出生，端平二年（1235年）正月初五是诞辰之日，在端平元年十二月，臣民都颂祝寿诞。真德秀于十二月末，特上《奏已见札子》，奏：“伏遇陛下诞弥之节，近在朝夕，归美报上，尤剧此心。然徒知与海内臣民颂我君之寿，而不以圣贤论致寿之道，为陛下言，则亦不过如华封之爱君而已矣，奚益哉？”真德秀以五条献：无逸则寿、亲贤则寿、以孝奉先则寿、仁则寿、有德则寿。此五条皆圣经之格言，万世人主之药石。真德秀以此药石之言作为皇帝生日献词，劝君改过，真是可敬可叹。

理宗对真德秀说：“近观卿所上论寿札子，可见爱君之心，与张九龄进《千秋金镜录》同意。”这就是说，真德秀上年末所上祝寿札子中的药石之言，理宗不以为忤，还赞扬他与张九龄有同样的心意。

理宗说话还是算数的，正月二十五日，真德秀差知贡举，就是负责主持这年礼部考试，负阅卷、取士之责，他决心披榛采兰，选取贤才。

真德秀对这年的礼部试相当重视，每天早起，焚香祷天，愿得忠良平实之士、豪杰俊异之才。他大胆进行改革。一是科举试题是“问时政数事”和“问《大学》君德治效”，试图借此改革场屋以文辞取士之风，罢黜华丽不实、奉迎阿谀、语涉险怪的文章。二是考校必合论策，以观器识。其间有讽切时贤者，他批其卷称：“诸贤当为法，受责。”三是严格考场管理，杜绝传义、挟书，那些空疏不学者多望风而去。四是改革取士办法。以前知贡举，都是先立己见，定高下去取。真德秀使参详点检，各抒己见，然后徐徐蔽以议论，所取多老成实学，但又多次参试不中之人。拆号时，同侍郎洪咨夔、殿院王遂同时向理宗上奏。五是向理宗奏请在科举之外访求遗逸。

真德秀这次在经筵君臣对答中，对楮币、盐法、边事、官吏的贪残、人才的使用等都提出了实在而具体的措施，其他贤臣也提出许多施政方案，但都是一纸空文。理宗是一个叶公好龙式的人物，“所谋者嫔妃、近习，所信者贵戚近亲”。他将真德秀、魏了翁、洪咨夔等一批贤才召入朝，实际上只想借助他们的名声，巩固自己的权位。他表面上从善如流，实际上不想施行。

发展朱学切世用

真德秀所处的时代，南宋王朝更加腐朽，权相或禁锢善类，或以爵禄縻天下士，对不附己者进行打击和迫害。国家内忧外患，积弱积弊，人民生活困苦，社会动荡不安，积重难返。如何挽救没落王朝？真德秀试图用一种精神支柱，也就是用他所信奉的朱熹思想，使君臣及百姓从思想和政治上统一起来，使之振作，有助于压抑君臣的贪欲，有助于使人们心齐气顺，有助于整个社会的稳定。真德秀认为照抄照搬朱熹书本上的东西是不能解决现实问题的，需要使朱熹这一理论体系不会曲高和寡，而能更加切世用，充分发挥理学这一“实学”的作用。真德秀不是迂儒，他怀着忘身殉国的忠心，忧念世事，深入了解社会的现状，明晓朝廷的弊端，密切联系当时社会上的具体实践，对朱熹学术进行改铸。真德秀的哲学思想正是适应这种社会需要而产生的。

魏了翁在《大学衍义》跋中说：“公（真德秀）晚出独立，慨然以世道自任。即口诵心维，验已之实践，行世接物；体心之所安，造次理道。”

随着海内外研究真德秀思想活动的开展，产生了不少有关真德秀思想的研究成果，对真德秀发展了朱熹理学思想这一观点取得一致的认识，并承认其学术思想的独特性。主要体现在以下几个方面。

道与器。“道”（理）、“器”（物）关系是朱熹学术的重要命题，也是真德秀学术思想的一个重要内容。道器关系也就是形而上者（道）和形而下者（器）的关系。朱熹只讲到道与器的关系，真德秀进一步阐明器与物是实在的，道与理也是实在的，道器关系是实在的关系，故学者要处处讲实。

真德秀在《问〈大学〉只说格物不说穷理》中说：“器者，有形之物也；道者，无形之物也。……盖凡天下之物，有形有象者皆器也，其理便在其中。……天下未尝有无理之器、无器之理，即器以求之，则其理在其中。如即天地则有健顺之理，即形体则有性情之理。精粗本末，初不相离，若舍器求理，未有不蹈于空虚之见，非吾儒之实学也。所以《大学》教人以格物致知，盖即物而理在焉。庶几学者有著实用功之地，不至驰心于虚无之境也。”

他在《大学衍义》卷13《格物致知之要一》中又说：“自吾儒言之，形而上者理也，形而下者物也。有是理故有是物，有是物则具有是理，二者未尝相离也。方其未有物也，若可谓无矣，而理已具焉。其得谓之无邪？老氏之论既失之，而为清谈者又失之尤者也。若吾儒之道则不然，天之生物无一之非实，理之在人亦无一之非实。故立心以实意为主，修身以实践为贵，讲学以实见为是，行事以实用为功。”

这段话涵盖了立心、修身、讲学、行事等各方面，都要讲实，这是真德秀实学思想的总结。真德秀在这点上与朱熹是有所不同的，他抽象思考不多，更关注的是实用、实修、实践。

真德秀为达到“实”，在方法论上讲究“知行合一”，主张要实践，要力行。他在《沈简肃四益集序》中，对“以实学见实用，以实志起实功”甚为赞赏，认为“卓然有益于世”。在实践中，他认为知要落实到行上，这是学者用功的至要。他

在《建宁府重修学记》中说："凡天下之事事物物，即器而道已存，由粗而精，可见知至之功不难进矣，虽然学岂徒知而已。盖学校聚问辨，而必以居行继之，博学审问，而必以笃行终焉，断断乎不易之序也。……然而致知力行，交勉并进，岂非学者用功之至要哉！"

真德秀认为"舍器而求理"是"空虚之见"，强调行是知的归宿，一再进行论述。他直白相告："人所以求多闻者，是为立事而已。学必施于事，然后为有用之学，不然则所闻虽多，果何为哉？"只有做到"合知行于一"，才能达到至善。他在《问止于至善》里是这样说的："如切如磋，道学也，主知而言；如琢如磨，自修也，主行而言。此言致知力行之功当并进也。知到十分精处，而行处有一分未密，亦未得为至善。须是知极其至，行亦极其至，方谓之至善。"

知与行。他提倡"合知行为一"等学以致用的实践观，也是对朱子学的发展和光大。他也勇于把理学的精神落实到自己的为政实践中。知行合一观，就是理论与实践相统一，这种思想是深刻而有益的，把朱子学术提升到一个新的高度。

"诚"是儒家思想中一个重要的范畴。"诚"是一种本体论状况，确定地指向人的真实存在。真德秀认为言行一致即是诚，这种认识在理学中也颇具开放性。他在《问主忠信章》中对"诚"有全面而深刻的论述。他说："《论语》止言主忠信，不言诚。至子思、孟子然后言诚。盖诚指全体而言，忠信指用功处而言。忠是尽于中者，信是形于外者。有忠方有信，不信则非所以为忠，二者表里体用之谓，如形之与影也。心无不尽谓忠，言与行无不实谓信，尽得忠与信，即是诚。故孔子虽不言诚，但欲人于忠信上著力，忠信无不尽，则诚。”

他将“诚”的认识提到新的高度，在理学中也颇具开创性。

真德秀认为“诚”包括三个方面：一是无妄，二是不欺，三是不息，这三者缺一不可，构成一个整体。为此，他多方进行论证。

他在《上皇子书》中说：“夫诚之为道，可以参天地赞化育，其功用大矣。然求其用力之地，不过曰无妄也，不欺也，悠久不息也。尽此三者，而诚之体具矣。”

在《乐安县治记》中，真德秀是这样说的：“无妄，天之道；不欺者，人之道；悠久不息，则人而天矣。”

真德秀对“诚”的解释，比历代儒家及朱熹更为具体、更加清晰、更为精密，极大地丰富了诚学的理论内涵。他是这样说的：

“天地与圣人只有一‘诚’字，诚者真实无妄之谓也。”

“身之所以正者，由其心诚。诚者无他，不善之萌动于中，则亟反之而已。诚者天理之真，妄者人为之伪，妄去则诚存矣。诚存则身正，身正则家治，推之天下，犹运之掌矣。”

他对朱熹“以一为诚”进行解释，认为“一”与“太极”不仅是“道”的别名，也是“诚”的别名。他说：“熹之以一为诚，何也？曰：天下之理，一则纯，二则杂；纯则诚，杂则妄。修身不一，善恶杂矣。尊贤不一，邪正杂矣。”又说：“乾之四德，迭运不穷，其本则诚而已矣。诚即太极也。其所以播群品者，诚之通也；其所以固灵根者，诚之复也。通则为仁为礼，复

则为义为智。”在他看来，乾卦的元亨利贞四德，与仁义礼智相对应，都根源于诚，仁礼和义智分别代表诚的贯通天人和回归本体这两种不同的表现形态。

最为可贵的是，真德秀把“诚”的观念结合现实道德实践和政治实践，应用到道德规范、修身齐家治国平天下的实践领域，发挥其实际功效。

他在《大学衍义》卷12《格物致知之要一》中讲：“自人君言之，必有修德之实心，然后有修德之实事。有爱民之实心，然后有爱民之实事。未有无是心之实而能有其事之实者也。以是推之，余莫不然。是故君子实之为贵。”

他在《问忠恕》中说：“天地只是一个诚字，万物自然，各遂其生。圣人只有一个诚字，万物自然，各尽其理。此乃天地圣人之事。学者未到此地位，且须尽忠恕二字。忠者，尽己之心也；恕者，推己之心以及人也。忠尽乎内者也，恕形于外者也。己之心既无一毫之不尽，则形之外亦无一毫之不当（如事亲当孝，事兄当悌，处朋友当信，事事物物各尽其所，以当然之理以处之，即是恕也）。……学者若能于忠恕二字上着力，于尽己尽人之间无不极，其至久之，亦可以至诚地位（诚是自然底忠，忠是着力底诚）。”这里是说，一般的人要达到诚的境界，必须一步一个脚印，从忠恕做起。

他在辛巳《告皇子书》中，列举“非诚”的具体表现是：“实奢而文之以俭，实暴而掩之以仁，所乐者谀佞而外为纳谏之名，所爱者奸邪而谬为敬贤之貌，此妄也，非诚也。修敕于大庭广众之中，而放肆于深居燕闲之地，矫揉于亲近君子之际，而发露于昵比小人之时，此欺也，非诚也。敬畏未几，而慢忽继之；俭约未几，而奢泰随之，勤怠之靡常暴寒之不一，凡此者皆非诚也。”他还根据皇子济王的具体情况，提出如何立诚，如何操作，忠告皇子：“其孝也，必诚于孝；其忠也，必诚于忠。亲贤以诚而喜，佞之私不参其间；好乐以诚，而燕游之乐不干其虑。进侍两宫，其诚固如此；退处私室，其诚亦如此。出对宾僚，其诚固如此；入亲近习，其诚亦如此。不惟勉强于一时，抑且安行于悠久，不惟克谨于其始，抑且弗渝于其终。”

此封书信，将诚的无妄、不欺、悠久不息等概念具体化，且有针对性，对当时帝王沉醉于声色和谄谀、士风萎靡不振，无疑是清醒剂。

真德秀进一步阐发了朱熹“理一分殊”的思想，以此说明了许多理学问题。他认为理学的许多范畴、命题皆可由“理一分殊”贯穿，如：诚是理一，各得其所是分殊；道之体是理一，道之用是分殊。真德秀还将“理一分殊”观引入人伦关系的论证中。他说：“天下之理一，而分则殊，凡生于天壤之间，莫非天地之子，而吾之同气者也，是之谓理一。然亲者吾之同体，民者吾之同类，而物则异类矣，是之谓分殊。以其理一，故仁爱之心，施无不遍；以其分殊，故仁爱之施则有差。”

吸取精微融陆学

真德秀在羽翼朱熹哲学的过程中，不离朱熹的理学框架，其发展也是根据自己的理解和领悟对朱熹思想进一步阐发和推演，

是在朱熹思想的逻辑轨道上发展。南宋出现奸臣专权、政治昏暗、皇帝无所作为的严重情况，导致国家积贫积弱，内忧外困，使得真德秀对“正心”“诚意”等问题比较关注，将其看作劝君救国的一剂良药，表现出某些心学倾向。

心学的代表者是陆九渊。陆九渊，字子静，号象山先生，江西抚州金溪（今江西临川）人。他提出的心学主旨是：明理、立心、做人，并以“宇宙便是吾心，吾心即是宇宙”作为其心学思想的概括。

淳熙二年（1175年）那场著名的“鹅湖论辩”结束后，朱熹回武夷途中经过分水岭时，题分水岭诗称：

地势无南北，水流有西东。
欲识分时异，应知合处同。

这首诗是就鹅湖之会有感而发，朱熹此诗是借河水共源异流比喻学术问题可以求同存异，表现了他的坦荡胸怀。

真德秀的学术思想源于朱熹，他是继承朱学的代表人物，但由于时代原因和一些讲友的影响，也吸收些许陆九渊的心学。

真德秀与陆九渊的两大弟子杨简、袁燮交往密切，与有心学背景的包逊亦有交往。

杨简，字敬仲，号慈湖，世称慈湖先生，慈溪（今属浙江）人，授富阳主簿，兴学校教生徒。时陆九渊归家过富阳，以断扇讼例使其悟“本心”，问答有所契合，虽陆九渊仅长他两岁，真德秀仍向陆执学生礼。他提出“人心自明，人心自灵”的诉诸自觉的主张，发扬陆九渊的心学。

杨简器重真德秀，在任著作佐郎兼权兵部郎官时，荐真德秀为秘书郎。真德秀在给杨简撰的行述中说："先生以秘书郎召，某备数馆职，始获从之游"，可见真德秀曾向杨简执弟子礼。前已有叙，杨简还告诫真德秀勿贪富贵。真德秀所撰杨简行述也记此事。

宝庆元年（1225年），杨简去世，他的家人和弟子都敬重真德秀，也都了解真德秀与杨简是知交。将葬时，杨简儿子叔谨来书请真德秀为其父撰墓志铭，杨简的弟子傅正夫不远千里到浦城，也是请真德秀为他的老师撰墓志铭。真德秀认为"故于先生之学，虽窃一二，而终未探其精微，忧患以来粗知向道，思欲一叩函丈，求其指归，而不可得矣。"以此拒绝为杨简作墓志铭。并说"铭于体最重，述其道当最详，非门人高第不可。"认为铭须由杨简的高第所作，但他撰了《慈湖先生行述》。

真德秀说对杨简的心学略知一二，这是谦辞。他所作《慈湖训语》，对杨简心学的精髓"言道以本心为正，言德以直心为主"等是心领神会的。

袁燮，鄞县（今浙江宁波）人，字叔和，学者称絜斋先生。袁燮初入太学，陆九龄为学录，同里的沈焕、杨简、舒璘皆在学，他们切磋道义。因见陆九渊"发明本心"之旨，字字切心，他神悟心服，于是拜陆九渊为师。他发挥陆学要旨，由"心即理""仁义者人之本也"，推论出"天人一理""君民一体"，在社会政治伦理方面采纳陆九渊的心学观点。

袁燮是真德秀的前辈，真德秀"于其德学，则愿师之"。袁燮殷殷教导，真德秀受益良多。真德秀撰的《絜斋先生训语》中说："方是时，某年壮气锐，举措有不合于道者，先生

直切规警焉。”

真德秀与袁燮交往很深。真德秀出朝任江东转运副使时，袁燮为之撰《送右史将漕江东序》，并赠言：“《中庸》曰：天地之道，可一言而尽也。其为物不贰，则其生物不测。《大雅》曰：上帝临汝，无贰尔心。维此大本，不必他求。卓然大贰，万善咸具。古人所以兢兢业业，不敢稍懈者，惧其或贰也。”对这赠言，真德秀铭记在心，其后还常常提及。真德秀出京，袁燮还到南山招提送行，坐论世事，至于涕流。

行状是全面介绍其人，提供给国家修史机构，为将来在国史中立传的一种文体。

袁燮去世后，真德秀不因他是陆学的主将而持门户之见，为之撰写行状。真德秀一生只写过两篇行状，一是为他的老师詹体仁撰写，另外一篇就是为袁燮撰写。而且袁燮的行状长约9000字，詹体仁的行状只有2500字左右。

与真德秀交往密切的还有一位包逊，也是陆学学者。包逊，字敏道，建昌军南城（今属江西）人。

他与兄包扬（字显道）、包约（字详道）都从学陆九渊。其后三兄弟又到建阳考亭沧州精舍从学于朱熹，朱熹与包逊通过3封书信。因包氏兄弟反对读书讲学，而笃信超然顿悟，喜谈禅而忽视读书穷理，朱熹对此很不满，所以在给包逊的第三封信中说："道既不同，不相为谋，不必更纷纷。今后但以故人相处，问讯往来足矣。"故清黄宗羲评价说："包显道、详道、敏道，同学于朱、陆，而趋向于陆者分数为多。"

就是对连朱熹都不承认其为弟子的包逊，真德秀还是很敬重的。他撰《跋包敏道讲义》称赞说："君早从朱、陆二先生游，得诸传授者既甚的，而家庭伯仲自相师友，切靡讲贯，壮老如一。故其所造益以超诣。"

真德秀也有意学习陆学的精髓。就在这篇《跋包敏道讲义》中，他说："昔晦庵先生（朱熹）讲学于玉山县学，发明四端之旨，幸惠学者至深。象山先生（陆九渊）亦尝讲于庐山白鹿之书堂，分别义利，闻者或至流涕。某生晚，不及拜二先生，而获闻君之名论，亦足以识其师传之所自矣。"其实，真德秀对陆九渊的心学要旨是有所掌握和研究的。他在给袁燮所作的行状中就大段叙述了袁燮心学的理论，还概括出陆九渊的学术要旨是"学问之要，得其本心而已。心之本真未尝不善，有不善者，非其初然也。"一语道出陆氏心学的精髓。

真德秀不仅与陆氏弟子友善，而且他的同辈和门生中也有对心学颇有研究、有所建树者。

魏了翁是与真德秀同志同气的密友。两人对朱熹学术的继承和发展有重大贡献。为使朱熹学术成为官方哲学发挥了决定

性作用。魏了翁在现实中，发现了朱熹学术有迂阔、琐碎的一面，他融合陆九渊和朱熹的学术，发展出自己的客观唯心主义思想。在坚持朱熹的体用之学、道德人心论的前提下，特别强调：仁是心之体，即形而上之理，仁义与道、德统合于一心。因此，他的主要思想倾向是论证理在心中。魏了翁的心学倾向比真德秀更明显。

汤汉是真德秀的重要门人之一。真德秀在潭州时，将汤汉召为宾客。宝庆二年（1226年）真德秀被贬赋闲在浦城时，汤汉还到浦城，在梦笔山房参与编修《读书记》。真德秀《文章正宗》编成后，也送给汤汉兄弟。汤汉还凭一己之力，续写《读书记》下篇。

象山书院是以陆九渊之名而建的书院。汤汉充任象山书院堂长，任信州教授时又兼象山书院院长。其兄汤中曾经赞助白鹿洞书院的重建，将陆九渊所撰的“义利之辩”讲词刻在书院的石碑上。汤千“尝从真西山论洙泗伊洛之源流，与朱、陆氏之所以同异，融会贯通，卓然自有见处”，其学术特点是“用心于内而践其实”，是会同朱、陆之最先者。

真德秀身边，有些是陆九渊的学生，或是有心学倾向的密友、门生。在这样的学术氛围中，心学必然会对真德秀有所影响。

孙先英著的《真德秀学术思想研究》中，说真德秀沾溉于陆氏心学：“真德秀吸取朱学的心学，摆脱了朱熹的矛盾，提出了心即是理、心即太极的一元论，从而发展了朱学的心学理论，形成了以‘诚敬’为核心、以‘求仁’为终极指向的心学取向。将朱学的重心从思辨哲学转移到自我修养和价值的层次，促进了朱学向心学方向发展。他是朱子学说向王阳明心学发展过程中的重要人物，也是程朱理学走向定格和没落的重要见证人。”

真德秀把朱子的“太极”归藏于心，同时认为太极的本体即为“理”，凸显了对朱学和心学的统合。又说：“昔也，太极自为太极，今知吾身有太极矣。昔也，乾元自为乾元，今知吾身即乾元矣。有一性则有五常，有五常则有百善。”从而把三纲五常提高到“理”的高度，要求人们即心求理，存养心性，实践人伦，进而又明确指出：“天下之理固根于心，亦未尝不行见于事物。为学者方固当存养其德性，而亦不可不省察事物。”

星损人世有奇芳

主持贡举，为国选才，这是真德秀一生中为朝廷做的最后一件大事。端平二年（1235年）二月初五，心劳日拙的真德秀终于得病，此后病势日重。这天，他接待客人至黄昏，二更时，忽然以风眩感疾。

过了8天，理宗还是落实他“俟典举毕，当大用卿”的承诺，十二日，任命真德秀为参知政事，走上副宰相的位置，还同提举编修敕令、编修《经武要略》。

听说真德秀得病，朝野震惊。理宗屡向大臣、讲读官等近臣询问真德秀病情，满面愁色。宰相下达公文，千里延医。下至里巷，妇女儿童，都说真德秀是哲人，必定寿祺。

真德秀病缓，不久加重，理宗又给假一个月。四月二十七日，三次请任宫观官，二十九日，除资政殿学士、提举万寿观兼

侍读，请辞不获允。这时，他已不能动笔了，请辞奏章都由在朝任宗正簿的刘克庄代笔。

真德秀的最后时刻，在生命边缘，一缕留恋的火苗在他胸中升起，他要与自己的心灵对话。

国事在心中萦绕。他担心言行不一的理宗对于理学思想，能否接受？他所奏的治国方略，能否施行？他穷尽心血的《大学衍义》，是否实行？他最担忧的是，蒙古铁蹄将会践踏南宋大地。

真德秀最关心的是百姓。滥发楮币是殃民一大害，在病中，还梦到与同他志同道合的左司郎中郑寅讨论楮币，他是多么盼望百姓能从苦海中走出来呀。

最后难舍的是学生。他环视侍立在旁的学生，那些在外地未能赶来的学生，都在他脑中萦绕。他想听他们朗朗的读书声，想与他们切磋、质疑，使程朱理学越磨越深。他希望他们穷理致用，读好书，做好人。他相信，这学子的队伍还会不断地壮大。

他凝视着唯一的儿子志道，目光严厉，又含温存，盼能传承他的衣钵，牢记“一生短，千载长，不欠名位，只欠德业”的训语，不要虚荣，多习实学，多做实事，为国为民献身。

他内心最柔软的地方在怀念他的母亲。他仿佛看到母亲墓前的树已经长得又大又粗了，而母亲的容貌也越来越清晰，如在眼前。母亲力贫躬织持家，对待生活乐观而进取，待人接物得体而大气。他心里喊着：“母亲，我就要来到您身边了。”当然，内心还有他的父亲和妻子杨氏。父亲早逝，他不能尽孝。妻子劳苦一生，备受艰辛。一丝愧疚在他心中浮起，还有一声轻轻的叹息。

他还自语："我从来的地方来，我回到来的地方去。"这时，他轻轻的魂魄已飞回浦城。

五月初二，真德秀病危，又嘱刘克庄作遗表，请谢事。朝廷将他自中大夫转一官，守资政殿致仕。这天晚上，巨星陨落，他走完了58年的人生道路。

真德秀得病近两个月，日常都冠带整齐起坐，易箦（即改换寝席）时还是神爽不乱。去世之时，侍奉的儿子志道和在朝的刘克庄、王迈等17个弟子等及众多亲友跪倒苫块，悲切之声不绝。

理宗见了遗表，震悼辍朝，赠银青光禄大夫。士大夫无论亲疏远近，都去吊丧。京城百姓失声痛哭，全城悲哀。

封建时代，在人死后按其生前事迹评定褒贬，给予称号，称为谥。宋代，凡公卿和三品以上职事官亡故，都要给予谥号。这时，真德秀子志道将家录行状送尚书省请谥，移太常礼院议定，经考功审复，宰相判定，奏呈理宗，谥为"文忠"。根据谥法，修德来远、慈惠爱友、道德博闻为"文"，盛衰纯国、危身奉上、推能尽忠、廉方公正、临患不忘国为"忠"，真德秀的谥号为"文忠"是非常贴切的。

真德秀去世后，他的挚友魏了翁为真德秀撰《参知政事资政殿学士致仕真公神道碑》及《西山真文忠公墓志铭》，他的得意门生刘克庄为之作《西山真文忠公行状》，并撰祭文称："奈何苍天，夺此伟人！下孤舆望，上恻圣情。国有议论，谁为将明？民有利害，谁为罢行？吾党之士，谁为统盟？后来之俊，谁为作兴？……呜呼，万世之标，千载之英。"其门人王迈代表真德秀门生作《诸门生祭真大参西山先生文》两篇。祭文阐明文忠谥名的蕴义："曰委质立朝无如公之忠，曰垂世立教无如公之文，合二者以为谥，播青史之遗芬。"

真德秀的灵柩由真志道扶柩，门生着丧服，围麻带，执挽白布索助拉灵车。从真宅至上船处人山人海，亲朋故友沿途奠祭，酒菜摆在道路左右，刘克庄等人撰路祭文。京都百姓望见灵柩将至，烧香酹茶酒，痛苦祝拜，柩至少驻，孝子志道陪祭叩谢。祭别从柩而行，送葬队伍越来越长，表达了人们对真德秀非常崇高的敬意。

八月十二日，真德秀归葬于浦城孝悌里株林山。

真德秀墓为洞穴墓，为二级墓坪，墓前平地为筑墓取土所积，约2000平方米。墓门面向东南，前有石枕。墓门用卵石砌成，宽0.42米，高2米，中立"宋西山真文忠公之墓"阴刻石碑。墓缘四周均用块石垒砌。

真德秀墓

人的一生，在世之时，有人赞誉，当然荣光；而身后还受人称颂，而且历代不衰，可谓风光无限。

真德秀在《矩堂记》中，对自己的一生有过评价。他说：

> 始，吾恶隶于己者之不忠也，故其立朝，宁以尽言获罪，而不敢不以父事吾君；恶长人者之不仁也，故其居官，宁以救灾获谤，而不敢不以子视吾民；尝以掾属事台府矣，其情不吾察，吾患焉，故为长吏必思所以通其下之情；尝以监司临所部矣，其令不吾行，吾病焉，故虽为一道帅而于使者之命未尝忽；私居而挠公府，吾尝不平之，故于其所寓不敢以毫发干焉；大家而朘细民，吾尝弗直之，故于乡党邻里虽无以厚之，而亦不敢伤之也。

真德秀的一生确如自己的评价一样，忠国爱民，不以进退虑，忘身殉国，终始如一。其身后，正应时人刘宰所说，将“百世仰西山”。

魏了翁在《参知政事资政殿学士致仕真公神道碑》是这样评价他的：“公晚出独立，慨然以世道自任，即口诵心，惟验己之实践行事，接物体心之所安，造次理道于仕于外，无贵贱少长，爱而敬之。自长沙后，国人以公出处为庙社安危，公身愈退，道愈尊，名愈盛，而责愈众。”

呜呼，贤臣大儒真德秀万古流芳。

后　记

福建，山海相拥，人杰地灵，人文荟萃，英才辈出，产生了许多伟大的思想家、文学家、教育家、科学家和民族英雄、爱国先驱、革命将士、时代楷模。他们的教育成长、道德品行和思想文章，是福建的宝贵精神财富，教育和激励着一代代福建人努力学习、奋勇前行。福建省社会科学界联合会组织编写的“福建历史文化名人丛书”，以福建历史名人为题材，古今结合，意在从高处着眼、从基础着手，普及人文社会科学知识，促进人文道德养成，使社会科学知识走进大众、走进生活、走进现实，让更多的人了解福建历史名人，弘扬优秀传统文化，增强福建文化影响力和感染力，为建设文化强省添砖加瓦。

“福建历史文化名人丛书”（第四辑）所包含的陈元光、林慎思、吴夲、胡安国、李纲、真德秀、黄乃裳、陈季同、萨镇冰、林森10个人物故事，记录了福建文化之于中国历史的影响，同时也以人物史的叙述方式生动地展现出中国人文精神的风骨和传统文化的传承。人物篇以人物生平为线索，在故事中体现传主的学问、事功、道德，凸显他们在中华文明进程中的重要作用，深入挖掘和阐发其内在精神，从而激起读者爱国爱乡的强烈情感，使之成为涵养社会主义核心价值观的重要源泉。

这套丛书以广大群众为读者对象，尤其是各年龄段的学生群体以及受过中等教育的读者，他们对这些历史名人的认知，大多来源于历史课本、乡土教材、文化景点和博物馆，很难形成具体、深入、系统的认识。丛书深入浅出，雅俗共赏，通过一个个生动精彩的故事带领读者走进福建历史，走入人文社会科学的知识殿堂，融故事性、知识性、趣味性、可读性于一体，对提升大众的阅读水平、普及社会科学知识、提高人文社会科学文化素养和思想道德素质有着积极的作用。

专家刘小新老师对丛书写作大纲和书稿进行了认真审读，并提出了许多很好的意见和建议，在此表示感谢！

若有不足之处，敬请广大读者批评指正。

编委会

2019年8月